# Glimpses of Our World

A BILINGUAL ANTHOLOGY OF GREEK AMERICAN POETRY

# GLIMPSES OF OUR WORLD

## A BILINGUAL ANTHOLOGY OF GREEK AMERICAN POETRY

Hellenic Writers' Group
of Washington, DC

Ipatia K. Apostolides
Editor

Cover image by Maria Costas.

"Glimpses of Our World: A Bilingual Anthology of Greek American Poetry," by Hellenic Writers' Group of Washington, DC. Edited by Ipatia K. Apostolides. ISBN 978-1-951985-29-5 (softcover).

Published 2020 by Virtualbookworm.com Publishing Inc., P.O. Box 9949, College Station, TX 77842, US. ©2020, Ipatia K. Apostolides. All rights reserved. No part of this publication may be reproduced, stored in a retrieval system, or transmitted in any form or by any means, electronic, mechanical, recording or otherwise, without the prior written permission of Ipatia K. Apostolides.

# Contents

PREFACE ................................................................. xi
   Το Πρώτο Σκαλί ................................................ xiv
INTRODUCTION .................................................... xvi
ALEXANDER APOSTOLIDES ............................... 1
   Follow that Bird .................................................... 2
IPATIA K. APOSTOLIDES ........................................ 3
   Best Friend ............................................................ 5
   Gone ...................................................................... 6
   Hellas, My Hellas .................................................. 7
   Helping Hand ........................................................ 8
   The Last Waltz ...................................................... 9
   The Life of a Rose .............................................. 10
   Misty Love .......................................................... 12
   Return to Spring ................................................. 13
   The Secret to Stopping Time ............................. 14
   Sometimes ........................................................... 15
   Tyche's Fortune .................................................. 16
   Η Δοκιμασία του Χρόνου .................................. 17
ELEANOR (LYNN) PATTIS FRANCIS ................ 18
   I. Hours Wrapped in Beauty ............................. 20
   II. The Water's Edge ......................................... 21
   III. Almost Still .................................................. 22
   IV. The Song of the Waves ............................... 23
   V. The Elusive Blackberry ................................ 24
   VI. The Blue Gill ............................................... 25

| | |
|---|---|
| Without a Word | 26 |
| Brief Encounters in the Woods | 27 |
| Endless Thoughts | 28 |
| **STEVEN GALANIS** | **29** |
| Allow Me | 30 |
| Communion | 31 |
| First Sip | 32 |
| Token Sense | 33 |
| Two Dreams | 34 |
| **MARINA THEODOSIU HALL** | **35** |
| The Absence of Presence | 36 |
| Limited Warranty | 37 |
| Poem Written Under the Influence of an Unknown Factor | 38 |
| Rear View Mirror | 39 |
| Reconsiderations in Black and White | 40 |
| Αναζήτηση | 41 |
| Ευ-Δαιμονία | 42 |
| Ο Υπερθετικός της Σιωπής | 43 |
| Παρένθεση για τον Χριστόφορο Αγριτέλλη | 44 |
| Χειμωνιάτικες Πενιές | 45 |
| Χωρίς Προθεσμία | 46 |
| **DIANE HELENTJARIS** | **48** |
| A Modern Odyssey | 49 |
| Quickening | 50 |
| **MARIA KARAMETOU** | **51** |
| 1 | 54 |

2......................................................................... 56
3......................................................................... 57
4......................................................................... 58
5......................................................................... 59
6......................................................................... 60
8......................................................................... 62
9......................................................................... 64
10....................................................................... 65
**STELLA LAGAKOS**............................................... 66
   Anemone............................................................. 67
   Joy and Love....................................................... 68
   My Sweet Child................................................... 69
   Rainbow................................................................ 70
   Your Castle of Light (dedicated to the children)......... 71
   Η Αγάπη................................................................ 73
   Αγριόκρινο............................................................ 74
   Αλληλεγγύη......................................................... 75
   Η Κάπαρη............................................................. 76
   Το Κόκκινο Τριαντάφυλλο................................. 77
   Το Κύμα................................................................ 78
   Το Παπάκι............................................................ 79
   Παράδεισος......................................................... 80
   Πρόσφυγες.......................................................... 81
**AMPHITRITE CONSTANTELOS-MANUEL**............... 82
   Για τον Ιωάννη Καποδίστρια........................... 84
   Εκ Γυναικός........................................................ 86
   Δάκρυ της Ξενιτιάς........................................... 88

    Ένας Θρύλος της Αγιά-Σοφιάς ............................................. 90
    Μεγάλη Πέμπτη .................................................................. 93
    Μια Ηλιαχτίδα ................................................................... 94
    Οι Βροντές και η Βροχή ..................................................... 95
    Στον Όμηρο ....................................................................... 97

**APHRODITE PALLAS** ............................................................. 99
    Το Ελληνικό Πάσχα .......................................................... 100
    Ποίημα της Μητέρας ......................................................... 101
    Ποίημα του Πατέρα .......................................................... 102
    Χριστούγεννα ................................................................... 103

**PETER PARAS** ....................................................................... 104
    Fifty Years of Life Together ............................................. 106

**NICHOLAS PATRONAS** ........................................................ 110
    Άγουρα Νιάτα .................................................................. 112
    Απ' τα Παλιά τα Χρόνια .................................................... 114
    Αποχαιρετισμός ................................................................ 116
    Ο Έλληνας ........................................................................ 118
    Ματαιότητα ...................................................................... 119
    Ο Ξενιτεμένος: Μοναξιά ................................................... 120
    Όνειρα .............................................................................. 121
    Παραπλάνηση ................................................................... 122
    Ο Πόλεμος Τελείωσε ........................................................ 123
    Ο Πολιτικός Ηθοποιός ...................................................... 124
    Το Ξύπνημα της Νιότης .................................................... 125

**ANTIGONE PETRIDES** .......................................................... 126
    The Fountain .................................................................... 127
    I See You, Child ............................................................... 128

The Slats................................................................. 129
CALLIOPI TOUFIDOU ............................................... 130
   New York............................................................. 131
   Απειλή.................................................................. 132
   Εκδίκηση.............................................................. 133
   Ερημικά................................................................ 134
   Θαλασσά μου........................................................ 135
   Μάνα μου.............................................................. 136
   Μοναξιά ............................................................... 137
   Νόστος .................................................................. 138
   Ο Χρόνος .............................................................. 139
   Πρόσφυγας............................................................ 140
   Φοβάμαι ............................................................... 141
   Χριστούγεννα....................................................... 143
ACKNOWLEDGEMENTS........................................... 144

*"Poetry is finer and more philosophical than history; for poetry expresses the universal, and history only the particular."* - **Aristotle**

# PREFACE

Given that it is an impossible task to define poetry, I will start with the Ancient Greek words and meanings for poet, poetry, and poem. In most cases in the Greek language, the signifier and the signified of a word identify. This is one of the many wonderful features of Greek: it clarifies and sheds light on the meanings. "One who makes" speaks about the poet who is a "ποιητής;" while a "making" is "ποίησις" or poetry; and a "ποιήμα" or poem, is a work. Therefore, the word poem comes from the Greek *poiema*, meaning a "thing made" and the poet is defined as "a maker of something." So if the poem is a creation, the next question is what kind of creation is it?

Every poet or poetess is a creator who looks into his or her own soul to read and reveal a secret/truth about life, about themselves. These secrets/truths are turned into verses aiming to better the readers' emotional and intellectual growth. The ultimate goal is to succeed in a transformative effect on them. I would call this process a creation. This transformative effect is in my opinion the measure with which every creator encounters and recounts the value of his/her creation.

*Glimpses of Our World* is a poetry book anthology that gathers the many insights of its contributors to shed light on the beauties and challenges of this world and on the human condition. Their poems cover a wide range of topics and interests, emotions and thoughts. The book stems from the noble work of the Hellenic Writers' Group of Washington, DC, a group of engaged individuals to the muses of poetry and literature. The leader of this learning initiative is the editor and contributor to this collection Mrs. Ipatia Apostolides, whose vision is to take the best of every person involved in the Hellenic Writer's group and through a collaborative work to reach a mutual betterment of the participants to this creative experience.

This collection of poems offers to the reader the gift of reflection and inspiration. **Alex Apostolides** communicates the need for a human being to overcome limitations and to achieve fulfillment. **Ipatia Apostolides** elaborates on the theme of self-reconciliation as a precondition for our capacity for love. She is also inspired by the theme of devoted love, the longing for the beloved companion. Her poems convey stoicism about life, yet they urge for dreams and creativity, for love and altruism. Ipatia shows optimism about humans that stem from Christian love, Hellenism, and the beauty of innocence. **Amphitrite Manuel** is inspired by exceptional historical figures conveying the Greek ethos of virtue and patriotism. In her poetry, Christianity and Hellenism meet to reflect the shaping elements of Modern Greek identity. **Eleanor Francis** aims for deep feelings, stunning images, beautiful lyricism and tender reflections in her verses. She creates images that raise all kinds of senses - taste, vision, smell, tactile sense, sounds. Eleanor reveals the splendor of nature and simultaneously, she introduces the mystery of love. **Steven Galanis's** poems are a medium for self-expression to discuss the miracles of life, desire, and love. Steve's poems put emphasis on sensualism showing that sensations and perception are forms of true cognition. **Marina Hall's** poems are unique and subtle, with vivid imagery and philosophical connotations that defy the sense of time, causing the reader to return often. Through personal stories and scenes from interior spaces, **Diane Helentjaris** focuses on the themes of an unjustified life and elusive time. **Maria Karametou** reveals the emotions of separation, loss, and the state of memory longing. She is motivated by her belief for reciprocal love. In a sublime combination of lyrics and melody in her verses, **Stella Lagakos** considers nature as the innocent companion. Stella finds the purpose in life through joy and love and forgiveness, and she is inspired by social issues such as refugee and ecology crisis. Parental love is a focal theme in **Aphrodite Pallas**'s poems. She expresses unconditional love and gratitude to the parental figures. Furthermore, shaped by her native identity she introduces in her poems the Greek customs of Christianity. **Peter Paras** contributes his personal confession and empowers the reader with faith, love, and vision. Private experiences with feelings about relationships are addressed in his poems in an autobiographical manner offering also a psychological aspect of poetry. **Nicholas Patronas's** poetry is descriptive of personal emotions and situations. The poet shares emotional responses to themes related to war, love, suffering, vanity and many others to evoke meanings. Truth, simplicity, and depth are shown in his poems. As Nicholas's poetic narratives develop, they reveal an existential question that challenges thoughts and feelings. **Antigone Petrides** reveals to us her personal secret, the meaning of life in the form of the invisible laughter. Her invisible laughter is the force of inner joy that drives us farther. Antigone's optimism is her secret for self-reliance and personal success. **Calliopi Toufidou** is touched by social issues and her sensitive poems come from her heart. Calliopi is also inspired by the themes of solitude, nostos, and parental love; throughout her poems, a thread of evasiveness of time leaves humans with unfulfilled desires.

To all the aforementioned creators who pursue poetry, I have respect and no criticism. I am humbled to express admiration for their dedication to this noble endeavor. I refer the contributors of *Glimpses of our World* and their readers to C. P. Cavafy's poem "Το Πρώτο Σκαλί" (The First Step):

## Το Πρώτο Σκαλί

Εις τον Θεόκριτο παραπονιούνταν
μια μέρα ο νέος ποιητής Ευμένης·
«Τώρα δυο χρόνια πέρασαν που γράφω
κ' ένα ειδύλλιο έκαμα μονάχα.
Το μόνον άρτιόν μου έργον είναι.
Αλλοίμονον, είν' υψηλή το βλέπω,
πολύ υψηλή της Ποιήσεως η σκάλα
κι απ' το σκαλί το πρώτο εδώ που είμαι
ποτέ δεν θ' ανεβώ ο δυστυχισμένος.»
Είπ' ο Θεόκριτος· «Αυτά τα λόγια
ανάρμοστα και βλασφημίες είναι.
Κι αν είσαι στο σκαλί το πρώτο, πρέπει
νάσαι υπερήφανος κ' ευτυχισμένος.
Εδώ που έφθασες, λίγο δεν είναι·
τόσο που έκαμες, μεγάλη δόξα.
Κι αυτό ακόμη το σκαλί το πρώτο
πολύ από τον κοινό τον κόσμο απέχει.
Εις το σκαλί για να πατήσεις τούτο
πρέπει με το δικαίωμά σου νάσαι
πολίτης εις των ιδεών την πόλι
Και δύσκολο στην πόλι εκείνην είναι
και σπάνιο να σε πολιτογραφήσουν.
Στην αγορά της βρίσκεις Νομοθέτας
που δεν γελά κανένας τυχοδιώκτης.
Εδώ που έφθασες, λίγο δεν είναι·
τόσο που έκαμες, μεγάλη δόξα.»

In "Το Πρώτο Σκαλί" (The First Step) Cavafy presents the acceptance and recognition of the poet as a process of naturalization in the City of Ideas, since poetry is primarily an intellectual activity. Cavafy highlights the great difficulty of achieving this naturalization. In other words, to be accepted as a poet and to win this highly honorable title is a challenging task. The legislators mentioned by Theocritus are both the reading public and scholars and critics of the poetic work. Standing firm over time is ultimately the most important critic of any poetic endeavor. I turn the *Glimpses of Our World* over to its readers and time. The City of Ideas is a dance of poetic art servants whose circle one can hardly fit into. That is why even the smallest poetic work, if it gives a creator the right to be called a poet, is very important and certainly a great glory.

Dr. Polyvia Parara
Department of Classics
University of Maryland College Park
pparara@umd.edu

# INTRODUCTION

Poetry offers a glimpse, a slice, a snapshot of the poet's world. Compared to a novel or short story, each word carries a mightier weight in its meaning. Poetry is an art form, creative and universal, molding itself to some nugget of truth or philosophy, or designing its own truth, or even spurning truth. It can shape a new world, or delve deeply into our own world.

To the Greeks, poetry is like breathing air. Poetry is in their blood, a part of their identity, inherited from ancient Greece and passed on through oral tradition and the written word. The Greek mother sings nursery rhymes, the Greek student recites Homer's epic poem, and Greek songs infiltrate the outdoor concerts in Greece. When the Greeks immigrated to the US, they brought these customs and traditions with them.

Born in Greece and having immigrated to the US, I, and many of the poets in this book, have had the opportunity to experience both the Greek and Greek American worlds and write about them. I have written and published poems since a teenager, and it wasn't until I retired as a biologist in 2000, that I became immersed in writing. By 2014, I had published four novels and a poetry book. To aid my writing, I attended college writing workshops, joined online writing groups, and received an MFA degree in Creative Writing. During my MFA studies, I learned that other US minorities had organized writing groups and published their works (African American, Asian American, etc), but Greek American authors and poets had rarely organized any Greek American writing group (except in New York and Los Angeles).

# Hellenic Writers' Group

Poetry continues to be a strong and vibrant force in Greece. Greek poets George Seferis and Odysseus Elytis received the Nobel Prize in Literature, for example. In the US, however, the Greek American writers and poets are a minority. With this in mind, I was intent on organizing a Greek American writers' group. In 2014, I founded the Hellenic Writers' Group of Washington, DC (HWGW) with the help of Lefteris Karmiris, president of The Hellenic Society of Prometheas.

The HWGW currently consists of 59 members primarily residing in the Washington, DC area (Washington, DC, Maryland, and Virginia). The members either are Greek American, of Greek origin, or Greek-related by marriage. The group meets monthly at the Hellenic Center, Bethesda, MD. Membership is free and open to local Greek and Greek American writers.

The HWGW group enables members to develop writing skills, nurture their creativity, and help produce written works such as poetry, prose, short stories, novels, and memoirs. Each meeting includes three one-hour sessions: (a) the Poetry Group, where poets read aloud their poetry in Greek/English and discuss Greek poetry; (b) the Craft of Writing Group with writing exercises that provide opportunities to write and read aloud their works; (c) and the Critique Group where authors submit their manuscripts to be read and reviewed by other members in a workshop setting. In addition, the HWGW has hosted speakers and authors and two Hellenic Literary Festivals.

*Glimpses of our World* has been in the making for several years. During the Poetry Group sessions, I listened attentively to the poems that were being read aloud by the members. I felt a deep sense of awe at their creative endeavours and enthusiasm. Each poet was able to put into words what they experienced and savored in life. At the same time, the Greek traditions that bound the group together, through cultural customs and religious holidays, had found room for expression in several of the poems. The group enthusiastically embraced the idea of creating a poetry book together when I approached them with the idea. Each poet was given an opportunity to submit up to 15 pages. It took time to gather all the poems together.

The poets' names are listed in alphabetical order, and biographies written by the poets are included with their poems. The original creation date, if supplied, is listed at the bottom of the poem. Previously published poems are noted as well. There is no underlying theme, no particular focus, but each poet is allowed to express their individuality by writing about what inspires them the most.

The reason both Greek and English are included in this book is because we are two cultures merged together; we may be Greek, but we are also living in America. In preparing this book, I did not turn away any poets from HWGW, but like a parent, embraced them all. What matters the most for me is to allow poets to showcase their work.

I also wanted to make this book available to both Greek and Greek American cultures. As a result, I have asked Dr. Polyvia Parara of the University of Maryland at College Park to aid in the editing of the Greek poems. I appreciate the considerable time and effort she spent in making this book the best it can be. I'm also grateful to Magdalene Kantartzis for her editorial assistance in the Greek poems.

The Greek language uses "tonous" or accents that are similar to poetry markings for inflections and emphasis on words. Thus, reading a Greek poem aloud is easy because the poet has done the work for you phonetically. Whereas, over time, poems written in English increasingly rely on the positioning of the words as readers often read the poem silently rather than read it out loud. We encourage you to read the poems out loud, in the language you are comfortable with, for the best effect.

## Hellenic Writers' Group

I am also grateful for Maria Costas who designed the wonderful book cover. The flowers represent the poets who are like flowers in the field, with each one blossoming at their own pace. This poetry book gives each poet not only an opportunity to share their voice, but an opportunity to offer a glimpse into their unique world. I invite you, dear reader, to visit us, to share our joys and sorrows, and our dreams.

Ipatia K. Apostolides, MFA
Director, HWGW
www.hellenicwritersgroupwashingtondc.blogspot.com

# ALEXANDER APOSTOLIDES

Alexander Apostolides was born in England, Tynemouth, Newcastle of George Apostolides (from Volos, Greece) and Susan McKinley Hay Apostolides (from London). His mother came from an artistic background while his father studied and became a professor of Mining from the Royal School of Mines at a later age after the wars.

His youth was spent in both countries, England and Greece, until 19. After graduating from Doukas Academy in Athens, he ventured off to study in England and became involved in music and entertainment seeing him travel throughout Europe with bands and a dance group from South America playing percussion. Eventually seeing him travel across the Atlantic to America where he became involved in the technical aspect of Live Event Production.

At this point of his life, he wrote songs and poems expressing his inner emotions. In his works he always incorporated the creativity he inherited from his mother together with the practicality of his father's mind.

Mr. Apostolides is working to publish the translation of his father's book about his life and experiences of being a young man in his late teens to late twenties fighting both the Second World War in Greece and the dreadful Civil War that came after. He is also very much involved in writing his own biography and memoirs. Email: soulpro52@gmail.com

## Follow that Bird

Endless times, I sit and wonder
Mindless thoughts as they fade away
Deep within, a burst of air
Hope and will to fight and gain
What, for so long felt lost in vain

Thunder within, the heart still beats
Escape it seeks, far away dreams
Longing to understand
How the task of giving can bring reward
To life that's worth living

I want to follow that bird
I want to fly
I want to follow that bird
To endless clouds in the sky

Life as time will allow
Will pass in seconds and in years, the same as if it's now
My thoughts twirl to find an answer
To find a face, the smile I long to embrace.
I do want to follow that bird
I do want to fly
Endless skies, within reach
I do want to fly.

                                                1980

# IPATIA K. APOSTOLIDES

Ipatia (Patty) Koumoundouros Apostolides was born in Piraeus, Greece. Her parents, Christos and Anna Koumoundouros, were from the Dodecanese island of Lipsoi. She immigrated with her family to the United States at the age of four. She holds a BA degree in Biology with minors in Music and Theater (Case Western Reserve University, OH), an MFA degree in Creative Writing (National University, CA), and is currently enrolled as a PhD student in Leadership with a specialty in English (University of the Cumberlands, KY). She has studied psychology as a nondegree graduate student, holds a medical assisting degree, and has several certificates.

Mrs. Apostolides has worked in cancer research for fourteen years as a lab manager at the Cleveland Clinic Foundation, coauthoring several medical articles and presenting at conferences. She has also worked in different healthcare settings (EKG Tech, Data Manager, PLCO supervisor).

Her second career took off when she became a stay-at-home mother homeschooling her son, and realized that she enjoyed writing novels. Writing as Patty Apostolides, she has published the novels: *Helena's Choice, The Greek Maiden and the English Lord, The Lion and the Nurse, and Lipsi's Daughter*. She has also written a poetry book: *Candlelit Journey: Poetry from the Heart*. Two of her novels have been translated into Greek. She has spoken at several venues and fundraisers, and has been interviewed for radio and magazines.

Mrs. Apostolides has been writing poems since a young age. Several of her poems have been published in poetry journals (*Feelings, DJI, Poetry Journal, Parnassus*), and online poetry sites and in anthologies. She has received Honorable Mentions for several of her poems.

As a violist, Mrs. Apostolides performed with the Cleveland Philharmonic Orchestra, Cleveland Women's Orchestra, and Hamilton-Fairfield Symphony. More recently, she has performed as a violinist with the Frederick Symphony Orchestra.

Mrs. Apostolides is the cofounder and director of the Hellenic Writers Group of Washington, DC (HWGW). For more information, please visit the HWGW blog: www.hellenicwritersgroupwashingtondc.blogspot.com
She lives in Maryland and is blessed with her son, Anthony.
Email: info@pattyapostolides.com

Ipatia K. Apostolides

## Best Friend

The highest achievement I have known
Is to be my own best friend when I am alone.
Though I can't touch you or see you, my friend
Because you're within the deepest part of me,
I can feel your very essence.
You're like a peaceful, tranquil, flowing river
That always soothes, calming my heart and soul,
Washing me clean.

Together we are one, my friend, you and me.

Before we can love others, we must love one another -
Being trusting, respecting, and truthful.
We will grow old together, though loves come and go
Like flying seedlings that take root and grow
Into a beautiful flower or tree, staying for a long time
Or sometimes withering away.

Together we are one, my friend, you and me.

No matter the road we take and people we meet
Where the years take their toll.
No matter that I grow old and my hair turns white,
I am still beautiful to you because in the end,
You will always be my friend.

July 12, 2017

## Gone

You are gone, streaming past me
Like the soft sounds of the harp and violin
Floating like these notes, leaving behind
An endless kaleidoscope of unmet dreams.

I gaze inward into my soul
Seeking your world, the other world
Your touch is in another plane never to be felt again
Yet hope still exists in your smile that is sealed forever
In the photograph I am holding.

I know that this is not just about you or just about me
It is about you and me, and the togetherness
We valued the merging of the minds
The union of the hearts
The love we witnessed that grew stronger each day
There was no beginning, no end
Our protected enclave was perfect, peaceful, and calm
We lived for each other in the stillness of the moment.

Yet that moment is gone
Like this music that ends when I turn the sound off
I walk away to lie down, hoping that sleep will
Overcome the sadness and bring you to me
And then I will tell you my news
As if you were seated next to me
Drinking coffee and talking, and laughing
As if there were no tomorrow.

2015 (In memory of husband Anthony)

Ipatia K. Apostolides

## Hellas, My Hellas

Hellas, Hellas, where have you gone,
Swept by life's tides, crumbling away?
From eternity you sprung forth
With seeds of immortality, yet
Like Odysseus, you lost your way.

Do not wither but protect your fervent spirit
Remember Socrates's wise sayings
And let your Olympians compete
In the world's global stadium.
Hellas, your language infiltrates schools and universities
Remember your mythology, comedy, and tragedy.

Hold these three things dear to your heart
Truth, beauty, and democracy.
Let your spirit spring forth once more
To claim your inheritance
And like Odysseus,
Find your way back home.

2011

## Helping Hand

Stroll through the green pasture of life
Stop to admire the blue sky, listen
To the larks singing their playful arias in the trees
The wind caresses your contented smile
The sun kisses your uplifted face.

That is not enough. Look around you.

Notice your tattered brother over there. Alone
Wretched and poor he is, in the meadow of life
Stooping low like a weeping willow
The burden on his back threatens to bury him
He leans against a tree for support.

Will you reach out to give him a helping hand?

Lighten his load a little. Wipe away
His sweat and tears. Touch his heart
Lift him up so his soul can fly
To join the birds in the sky
So he, too, can be kissed by the sun.

When he is strong and upright, he will look around.

He will stretch out his hand as you did
Helping others in time of need
One act at a time.

Oct. 30, 2017

Ipatia K. Apostolides

## The Last Waltz

The music begins, soft and rhythmic
You lead me to the dance floor
We move to and fro, to and fro
Making promises of ocean waves
Sunlit skies and star-lit nights.

We turn and whirl, we move together
Our love grows deeper with each step
We move fro and to, fro and to
Making plans, fulfilling dreams
Sharing all that life brings.

I let you guide me along life's path
As if life depended on it.
You hold me gently
As if I am part of you.
Where you take me,
I have never been.

The music has stopped.
I search for a place to rest my head,
Seeking a haven for my heart
On the empty dance floor.

June 19, 2018

## The Life of a Rose

The strong sun wrapped itself
Around an old oak tree -
    to splash the yard
    with tickling rays
Then landed right on me.

I was a beautiful rose,
Red petals graced with green -
    a fragrance strong
    all summer long,
A queen that reigned serene.

And when the autumn came,
Though upright I stood tall -
    my petals fell,
    the fragrance gone,
I did not hear the call.

The cold had reached my stems.
I shivered with all my might.
    No sun did warm
    my freezing heart
For everything had turned white.

Where did the summer go?
It sped so quickly by -
    to wait for spring
    seems like eternity
I promise I will not cry.

I'm buried now in the snow
Yet hold my head up high.
    With stoic pride

that will not hide
I watch with observant eye.

Just when I'm ready to sleep
I'm awakened with a jolt -
      for up above
      the sun does shine
To wrap me in its fold.


(First published in http/www.youtube.com/watch?v=X5Pea1Yqg.3c -Sept 13, 2011)

## Misty Love

You closed your eyes
I opened mine
Together like two peas in a pod
We had lived like one.
Digging deeper, one can say we were
Soul mates where dreams, fears, and hopes merged
Yet different in many ways.
You were strong and assertive
I was soft and easily swayed.
Sometimes we reversed these very roles
Challenging me with much needed growth.
I became creative, expressing my potential nature
You became supportive.
You'd sit by my side, smiling at me
I read to you the stories I had written -
You were in them, too.

But death, like a jealous lover
Came swiftly to claim you.
If I had known what would happen
I would have held you tightly to me
Guarding you like precious gold
Never letting you go.
If only you could pierce time's barrier
Hold me in your arms and smile once more
Tell me "It is only a bad dream" and
Never let me go.

2014 (In memory of husband Anthony)

## Return to Spring

Young daffodils in bright array
With golden heads, like crowns,
Is all it takes to brighten my day,
Such sunshine that abounds.

This new beginning, this new way
Springs forth from fertile ground.
This new beginning, this fine day
Grows stronger all around.

Such youthful innocence is rare
To find at autumn's door.
My heart keeps silent, does it dare
Love life with zeal once more?

Though laughter crowns my head, I feel
I lack love's gentle stroke.
Sweet memories from the past do steal
This moment's flowering hope.

The sun, the breeze, do stroke my face
So innocent I feel.
I gaze upon this fine spring day
Like a bright daffodil.

March 12, 2016

## The Secret to Stopping Time

The secret to stopping time
Is to go with the flow of the river
Wade in its cool waters

No care in the world.

Let it guide you to where you need to be
Where there is no clock
No minutes
No seconds
No aging or loss.

Lose yourself to find yourself.

In that ethereal moment
That elusive dimension

Let it swallow you in its wholeness
Find yourself completely immersed
In the magic of a song or a poem
In painting, knitting, writing, gardening
Lose yourself in a movie or a book
Or rest in a loved one's arms

Whatever you do
Never, ever stop dreaming.

January 12, 2018

## Sometimes

Sometimes the arteries don't flow like they used to
The sun doesn't shine as brightly.
Sometimes the smile doesn't flow like honey on my lips.

Though the river pulses like the arteries
Pouring its love continuously, it never stops
To think if it should take a day off and rest.

Sometimes the mind wanders like a child
Emotions rise too quickly from the depths of nowhere.
Sometimes I still get lost on the well-travelled road.

Though the mountain proudly lifts its shoulders
With fortitude and might, it never stops
To think if it should lay down and rest for one day.

Sometimes the moon's light descends upon my bed
Keeping me company during sleepless nights.
Sometimes the eyes don't see from the veiled curtains.

One day, I will no longer need to live with the
Sometimes way of life, but make peace when God
Chooses me as I join the rivers and the mountains.

*October 29, 2018*

## Tyche's Fortune

Tyche, named so for good fortune
To those who believed in you;
Now a Greek statue left behind
Unnoticed in an art museum.

Another time in this world
Your eyes promised
Catacombs of hidden treasures
For people searching, exploring
A better awareness. Their hope lay
Embedded deeply in that steady gaze;
Now vacant in a lifeless, brittle stance.

You have outlasted a culture,
For your idolaters now lay as
Buried bones that rattle
With applause at their good fortune –
Or is it anger at your iniquity?

Tyche, where did you go wrong?


(First published in *Candlelit Journey: Poetry from the Heart*, 2006)

Ipatia K. Apostolides

## Η Δοκιμασία του Χρόνου

Σκέψου τα θαύματα του κόσμου
Ένα κομμάτι ιστορίας ξεδιπλωμένο
Στάθηκαν στην δοκιμασία των αιώνων
Αποκάλυψαν την αλήθεια, το πεπρωμένο του ανθρώπου.

Παρατήρησε τον αρχαίο ναό τον Παρθενώνα,
Ένα αρχιτεκτονικό φαινόμενο
Χτισμένο από τον ιδρώτα των περήφανων Ελλήνων
Καθώς η δημοκρατία τους γεννιόταν.

Πυραμίδες που αγγίζουν τους ουρανούς
Στους τάφους τους κείτονται κρυμμένοι οι Φαραώ
Η Αίγυπτος τούς διεκδικεί, αγαπημένη τους πατρίδα,
Φρουροί, αυστηροί, μοναχικοί της ερήμου.

Ρίξε μια ματιά στο Ταζ Μαχάλ.
Επισκέψου το τείχος της Κίνας.
Στέκονται σαν μαρτυρίες για την ανθρωπότητα.
Αθάνατη απόδειξη της δοκιμασίας του χρόνου.

2010

# ELEANOR (LYNN) PATTIS FRANCIS

Eleanor (Lynn) Pattis Francis was born in Pocatello, Idaho to Pete Pattis and Maria Spiropoulos who immigrated from Tripolis, (Peloponnesus) Greece. Her father shortened his name from Panos Kordopatis when he first immigrated to the U.S. in 1907. She received a B.A. Degree in English from Idaho State University. This led to many adventures including teaching in Australia for three years. Perhaps the most meaningful period was when she was an English as a Second Language (ESL) teacher and Department Chair at McLean High School in Fairfax County, Virginia.

Mrs. Francis has published several articles and presented in numerous workshops on the writing process, learning styles, multicultural poetry, and second language acquisition at local, state, and international conferences. She taught her students to write and enjoy various forms of poetry and created an in-house publication for their writing called *ESL Lines*. She later worked as a Peer Observer doing teacher observations and writing evaluation reports. After receiving her Master's in Education Leadership degree from George Mason University, she chose to go into Dual Language Assessment for Second Language Learners rather than become a Secondary School Principal.

After retirement, she continued to work for the Dual Language Assessment Program for five more years.
Now retired from the field of education, she continues to write, but it is mostly newsletters in her current position as District 3 Governor for the Daughters of Penelope.

## Eleanor (Lynn) Pattis Francis

Lynn and her husband Jim have been blessed with two sons, David and Stephen, and two grandsons, Demetri and Niko. Email: elfran40@gmail.com

**PUBLICATIONS/PRESENTATIONS**

"Project Enlightenment: From the Classroom to the Salon." A historical perspective of the cooperative endeavor between McLean High School and the Corcoran Gallery of Art, (In House Publication), Spring 1994

"4MAT Lesson Plan for Dr. Heidegger's Experiment," Southeast Learning Styles Center, *SYNAPSE*, Spring 1992

"Yes, Virginia, Drama Lives on in ESL Classes," *Watesol News*, June 1991

"Where Are You From?" *The English Teacher's Quarterly*, November 1989

"Writing to Learn: Loop Writing in the ESL Classroom," *International Quarterly*, Winter 1986/87

"The Journal and the ESL Classroom," *International Quarterly*, September 1985

"The Friendly Letter," *Fairfax County Curriculum Guide for LEP Special Education Students*, 1986

"Using Loop-Writing with ESL Students," *Fairfax County Curriculum Guide for Transitional English*, 1985

"Journals/Learning Logs," *Fairfax County Curriculum Guide for Transitional English,* 1985

"Reflections of Lake Anna," *Personal and Professional Selected Writings, Northern Virginia Writing Project,* George Mason University, December 1983

# I.
# Hours Wrapped in Beauty

It is not every day I spend
To watch unfold the soul of earth,
But in this world of worlds away
I pause to linger and catch my breath.
The beauty holds and captures me
As no other earthly means can do.
For in this world of worlds away
I find contentment heaven sent.

To ponder life as nature's child
To share in beauty such delight
To radiate with warmth and care
To capture peace so rarely found

These are the hours on Lake Anna
These are the hours wrapped in beauty.

## II.
## The Water's Edge

A gull, a wren, a butterfly
All flock to the water's edge.
The gull sweeps low in graceful mode
Of acrobatic flavor.
The wren plays games of hide and seek
In teasing child-like manner.
The butterfly settles its wings
Upon a golden flower.
A gull, a wren, a butterfly
All happy at Lake Anna.

## III.
## Almost Still

The water's calm, the water's clear
  It flows so gently, almost still.

The water soothes and comforts me
  Its heart and soul are ever free.

It pauses now to touch the shore
  And wait in motion at earth's door.

It beckons those who tarry here
  To seek out that which is so near.

The water's calm, the water's clear
  It flows so gently, almost still.

## IV.
## The Song of the Waves

What song is this I often hear
Whose melody rings out so clear
The chorus echoes its refrain
I know not how or whence it came.

It calls to me from far and near
The rhapsody engulfs the pier
The music lingers in my brain
I often hear it sing my name.

The song the waves bring to the shore
Will live within me evermore.

## V.
## The Elusive Blackberry

So plump so sweet, it hides from me
Just out of reach it seems to be
Its prickly armor guards it so
It won't be picked by friend or foe.

In regal black, it stands apart
I see it there, it wins my heart.
I stretch up high to capture it
The soldiers strike, my arm is hit.

So plump so sweet, it says to me,
"Just out of reach I'll always be.
My prickly armor guards me so
I can't be picked by friend or foe."

Eleanor (Lynn) Pattis Francis

## VI.
## The Blue Gill

In the clear water
Blue gill swim near the surface
Jewel-like tails shimmer

Such graceful dancers
Up comes one and then another
In water ballet

## Without a Word

With pail and shovel in his hand,
Demetri digs deep in the sand
Hoping to find a shell or two
And fill his bucket with a few.

His face lights up when he has spied
A little creature washed on shore,
Nearby, on land a heron glides
And dives into the surf once more.

A peaceful scene, just child and bird
Enjoying nature without a word.

Eleanor (Lynn) Pattis Francis

## Brief Encounters in the Woods

A golden chipmunk striped in brown
Scurries, hurries, scampers underground
What is he doing?
Does he know?
Foraging for food before the snow.

A slender egret attired in white
Pauses, ponders, reflects on its flight
What is he thinking?
Does he know?
Wondering what's swimming far below.

A fluffy squirrel dressed in grey
Rushes, races, climbs up and away
Where is he going?
Does he know?
Chasing a bluebird gone long ago.

\*\*\*

So brief these encounters
I have in the woods
Seeking nature's splendor,
While pausing to remember.
What am I doing?
Do I know?
Looking for all that nature can show.

## Endless Thoughts

No matter where life leads me
I can't escape those endless thoughts
of days gone by and others yet to come.
They capture me both day and night,
these thoughts that often turn to you.

Life
Love
Joy
Sorrow
Hope
Destiny

Why do we care about each other?
Why do we yearn for days gone by?
What will the future bring?

Why is there time for thoughts,
Endless thoughts of you?

# STEVEN GALANIS

Steven Galanis is a native Washingtonian who embarked on a career in the public sector after graduating from the University of Maryland with a journalism degree in 1987. For the past 20 years, he has not had a "real" job and if there is anyone to blame, it's Nelson Bolles, a life-work planning expert, and author of the book, "What Color is your Parachute?" If there is anyone to thank for the fact that he is not homeless, it would be his old man. Galanis still lives in the D.C. area. He travels to local schools and parks to call balls and strikes when "real" baseball umpires are needed. In his spare time, he writes. Email: sonofeve3@gmail.com

## Allow Me

I was conceived,
I don't know where or when.
A warm, watery sac was my home

A crude existence
My embryonic one
Submarine like
Yet somehow earthy
My needs were always immediate
I preyed upon my host.
Unsuspecting my condition
Was my nature totally so?

The signs of life around me
I could not discern
Nor distinguish my emanations
From those made by my host

Were what I was plain and clear
Would I have been hidden from view?
Would I have seemed less monstrous
Under a dome of air?

You who probe and measure well
Affirmed the normal curve
Sweet assurance in most cases
Not quite for my host.

On the day of my demise
Hers was the power of choice
Yours the power of reason

And both failed me
As my light went out.

August 13, 2015

## Communion

I tune in to the sound of speech
In a language I comprehend
By pressing a few keys
On device 1
That fits in my hand.

My friend
Asleep in the next room
Rises daily to greet me.
I am tuned into his life
By invitation.

I am weary of device 1.
It is inconveniently small and gets misplaced
All the time.
All it can do is control device 2 which controls device 3
That fills space with remote images and sounds.

It is so remote!
Twice removed in sequential terms
From the flat screen monitor
That fills my space with images and sounds
That don't acknowledge me!

My world is beautified by what I touch
And am touched by
The air that envelopes me, the earth that supports me,
My quiet labors, and those who smile on my destiny.

The longing I have for You
Is sprung from all that I am connected to
And hallows all!

February 27, 2017

## First Sip

There is nothing like a restaurant booth
and the back seat of a car to settle the matter
of attraction.

The memory of your thighs pressed against mine
the feel of your head on my arm
the chatter over wine and pasta
pervade my thoughts.

The silver bead on your tongue
lacerates my quiet contemplation
of you as I retrace the delicate curves of your face
its bold chocolaty textures in soft light.

The residue of a night's sweet conjuring
fills me with wonder …

At both the invitation expressly granted at its end
and the thirst for adventure that signaled its beginning,

And I pause to consider it.

February 12, 2017

Steven Galanis

## Token Sense

If a horse's rear could steer clear of flies,
I think that it would.
Nevertheless, the race is gallant,
Horse sense aside.

The firefly disappears and reappears in the crisp night air
With light borrowed from the stars.
"Give it lungs as well as wings!"
I say.

If only horseflies could disappear…
Man and beast would be happier
I think.
Half a lung is all it'd take…

The measure of which equal to the wit
Of a horseplayer who knows little about flies
And less about horses!

September 27, 2018

## Two Dreams

To dream of love and only of love
Is to leave dreams of success behind.
The gifted mind dreams of both.

Prowess, by success is attested,
Superior skill and vigor shown.
Apart from success,
Love is elusive
And fleeting at best.

Upon love that mirrors success,
A lasting finish is bestowed.
Upon success that is crowned by love,
The prize of fulfillment.

September 26, 2014

# MARINA THEODOSIU HALL

Marina Theodosiu-Hall was born in Athens, Greece. She graduated from the Franco-Hellenic Ursuline Academy in Neo Psychico, Athens, then left for the United States having obtained a full scholarship to study abroad. This was followed with studies in French literature and philosophy at the Sorbonne, Paris, France, with Cornelius Castoriadis as mentor and lecturer.

There was a period of collaboration with Kimon Friar in translating works of Yiannis Ritsos and Odysseas Elytis, as well as with professor Thanasis Maskaleris,
director of the newly established Kazantzakis chair at San Francisco State University.

She did many years of research and text evaluation regarding the Pre-Socratic thinkers, with special focus on Heraclitus and the sense of time; it was a study paralleling the past in juxtaposition to the present. Part of this study is contained in the paper: "The Diachronic Singularity of the Greek character" (Athens, International Congress of Philosophy, 2013). She is the founder and member of the philosophical forum "Anti-thesis," in Maryland since 1993. The website is: www.Anti-thesis.org

Her free time is devoted to writing poems, which have been occasionally presented and recited at the Federal Poets Society in the Washington area and different venues in Greece.

## The Absence of Presence

You left gently, in a quiet sort of way
Like the unbearable weight of a carefree feather.
That was always your style…

Without warning,
I had to dismantle what took years to build.
A play resisting curtain time
Fog on a clear day.

Only the dirt above your silent body was real,
Resplendent in its simplicity
Beckoning my denial.

And so, I have you dear memory
Cruel and lovable companion.
Together we can plot and fill the space
Where time once stood in all its arrogance.

Because that was never your style.

(First published in *The National Library of Poetry*, 1997)

## Limited Warranty

Is it possible that you woke up every morning
And went to sleep again and again?

That you had tea with lemon
Always from a samovar
Every single night?

That all the thoughts, plots, and rituals
Competed for space
In that thin frame of yours?

You must be exhausted by now,
For it took a lot of heartbeats
To render judgment
And many more when you didn't.

You live, dream, and wait
For just that one single instant in the summer
When she'll be at your door.

Perhaps…loving too much
Was the price to pay.
But knowing you
There was no other way!

March 2006

## Poem Written Under the Influence of an Unknown Factor

Not particularly tall
Not particularly clever
Not particularly pretty
What then?

Average is not an option

She looks at homes she will never own
She talks to men she will never have
She writes things no one will ever read
She has brains
Bravura
Beauty
But not…benevolence

Betrayal is not an option

When the tools she uses are turned against her
No need for a message
Let the words speak for themselves.
They will eventually
Entertain
Delight
Provoke
Surprise
And occasionally horrify.

Pity is not an option.

Summer 2015

## Rear View Mirror

They say that poems reflect the past,
Defy the future
And rarely speak of the present.

Short, long, bleak, or sweet
Depending on the memory,
They always pay the price
Sometimes without intent.

More accurate than history
Less deceptive than literature
Always extracting, penetrating, demanding.

Poems, embracing the wounded of yesteryear
Securing their words before they glide away.
Peeling the layers one by one
So close to the heart.

I remain faithful to their cutting edge.

2015

## Reconsiderations in Black and White

Perhaps London, maybe Rome,
Champs Elysees, Carmel…
Here, or elsewhere
No one can tell.

Side by side
One by one
Like soldiers in tow
They stop, salute, and go.

Yesterday's treasures
Silent and yellowing
Parade their frozen smiles and tears
Into the mind's liquid fears.

Forgotten fragments in all directions
Shadows embracing their own reflections
Recollections of nesting maladies
Forever seeking fragile remedies.

They are all here,
Photos
Books
Diaries
Distant memories
By…approximation.

November 1980

## Αναζήτηση

Έψαχνε με μανία να βρει μια λέξη
Δυνατότερη από κείνην που λέγεται
«Ματαιότης»

Η φευγαλέα φύση της ζωής
Απαιτεί την ανάλογη βαρύτητα
Του χαρακτηρισμού που της ανήκει

Μια λέξη, λοιπόν, απαραίτητη για τη διευκρίνιση

Μια λέξη

Ολέθρια
Αδυσώπητη
Ανήλεη
Συντριπτική
Καταιγιστική
Και απολύτως μοιραία

Γιατί τόση προσπάθεια λοιπόν;

Σταυρόλεξο λύνει, χωρίς τη βοήθεια κανενός,
Και δεν ξέρει
Αν θα προλάβει να το τελειώσει.

Summer 2014

## Ευ-Δαιμονία

Η απίθανη ομορφιά που αντικρίζεις
Και που σε πυροδοτεί
Δεν είναι πάντα υποφερτή
Όταν ξέρεις ότι θα χαθεί
Με την επόμενη αυγή

Εκεί, στη θεσπέσια κουκίδα του Σαρωνικού
Υπάρχει πάντα χαρά και πόνος
Αφέντης ο χρόνος

Ποτέ το τώρα δε φάνηκε τόσο φευγαλέο
Γιατί σε κάνει να αιωρείσαι
Στο παλιό και στο νέο

Παραδίπλα το μελανί σε όλο του το μεγαλείο
Ξεδιπλώνεται σαν άπιαστο χαλί
Πυκνό, ρευστό, και λείο

Πεταλούδες που ταράζουν το τοπίο
Βουκαμβίλιες μοναχικές, λησμονημένες
Φερμένες σαν αλεξίπτωτα απ'τον αέρα

Αντέχεις, και δέχεσαι απεριόριστα
Αυτή την απέραντη χαρά
Με σκέψεις που εισέρχονται απρόσκλητες
Σαν βότσαλα στην αμμουδιά

Βάλσαμο...η ενατένιση του ορίζοντα.

August 2013

Marina Theodosiu Hall

## Ο Υπερθετικός της Σιωπής

Κάθεται όπως καθόταν εκείνη,
Μόνη, στον μικρό τσιμεντένιο χώρο,
Αναπολώντας το πριν
Απορρίπτοντας το μετά
Δυσανασχετώντας και για τα δύο

Πώς μπόρεσε;
Πώς τόλμησε να της ζητήσει να φύγει
Ξέροντας ότι δεν θα μπορούσε ν' αντέξει
Τον άλλο, τον μεγάλο αποχωρισμό;

Πόσα «Πάντοτε» χωράει το «Ποτέ»;

Η απόλυτη σιγή που την περιβάλλει
Είναι αδίστακτη και κραυγαλέα. Αθέατη.
Απορεί γιατί δεν μπορεί να δαμάσει τη μνήμη
Ψάχνοντας στις πιο απόκρυφες γωνιές
Να βρει τα δάκρυά της
Τα αγγίζει χωρίς τη μιλιά της

Γιορτές, θαλπωρές, τραπέζια μεστά και μυρωδάτα
Νοικιασμένες ψυχές και φιλίες,
Σκηνικό χωρίς διαλείμματα

Πού είναι οι αγκάλες που στερήθηκε;
Πού είναι οι συμβουλές που αρνήθηκε;

Μαθαίνει να ζει χωρίς αυτά. Κι αν είναι τυχερή,
Κανείς μα κανείς δεν θα τολμήσει να τα πει...περιττά.

Winter 2015

## Παρένθεση για τον Χριστόφορο Αγριτέλλη

Ο βαρύς μανδύας που φόραγες
Έκλεινε μέσα του μια πολύ πλατειά Ελλάδα
Καθώς εσήκωνες το βάρος των λέξεων
Σαν την Ολυμπιακή τη δάδα

Ναι, Χριστόφορε,
Έστω και από μακριά
Αγνάντευες τη δική σου Αιολική γη
Και την έτρεφες στο κόρφο σου
Σαν μικρό παιδί

Έφυγες και ορφάνεψαν
Οι στίχοι της καρδιάς σου
Και στέρεψαν οι νύχτες οι σεληνόφωτες
Που φάνταζαν στα ποιήματα σου

Κι αν υπάρχει περίσσευμα
Από τα αετώματα που έστησες
Νάσαι σίγουρος
Θα το κρατάμε φυλαχτό
Σαν κειμήλιο κεντητό

Ναι, Χριστόφορε, γυιέ της ποίησης
Γνήσιο παιδί του Κάλβου και της Σαπφούς
Αδέρφι του Κωστή Παλαμά
Θα σε θυμόμαστε όπου και νάσαι
Σήμερα, αύριο και παντοτινά.

November 2013

Marina Theodosiu Hall

## Χειμωνιάτικες Πενιές

Λουλούδια χωρίς πέταλα
Άνθρωποι δίχως ζεστασιά
Πώς προσφέρεις συντροφιά
Στην αναίμακτη καρδιά;

Τώρα τρέχουν προς τα πίσω
Πολλά να εννοήσουν
Δωσ' τους αγάπη και φροντίδα
Για να σε αναγνωρίσουν

Εσείς που βλέπετε μπροστά
Και περπατάτε στα τυφλά
Θα περάσετε ξανά
Στην δική τους την τροχιά

Λέξεις είναι όλα αυτά
Μην τα παίρνεις σοβαρά
Λέξεις, στοιβαγμένες, σκορπισμένες
Ρευστές και μετρημένες

Φρόντισέ τες, αν μπορείς
Σαν τα άνθη της ζωής.

February 2015

## Χωρίς Προθεσμία

Αναντικατάστατη
Απαραίτητη
Απόλυτη και ανυπόφορη
Μοναδική...και λατρεμένη
Αλλ'ασυμβίβαστη στην αγάπη σου..
Μάνα!

Χωρίς φραγμούς
Χωρίς κανονισμούς
Δίχως αρχή και τέλος
Είσαι ο φύλακας όλων
Έναυσμα ζωής
Μάνα!

Και αυτοί οι ωκεανοί που μας χώριζαν
Με καράβια τις θύμισες στα κύματα τους,
Σταλιά, σταλιά σε φέρνανε
Με γαλήνη και μπουρίνι
Μάνα!

Σε καλοσωρίζω από παλιά φωτογραφία
Σε καλοσωρίζω από τη ζωντανή σου παρουσία
Μακρυνή και δίπλα...συνάμα,
Μα σε κρατώ γερά ακόμη,
Και κουρνιάζω στο κόρφο σου,
Σα νεογέννητο χωρίς μπούσουλα
Μάνα!

Σ'ευχαριστώ για αυτά που μου έδωσες
Τα περιττά και τα χρήσιμα
Τα εύκολα και τα δύστροπα
Για αυτά που δέχτηκα και κείνα που αρνήθηκα
Για όλα αυτά και άλλα πολλά θα σε θυμάμαι.

Marina Theodosiu Hall

Πότε με γέλιο, πότε με δάκρυ
Δική μου, ολόδική μου πάντα
Μάνα!

May 2012

# DIANE HELENTJARIS

Diane Helentjaris, MD, MPH, writes primarily non-fiction works. Diane, a native of Dayton, Ohio, is the grandchild of a Greek immigrant from Acharnai-Menedi. An Honors graduate with a BA cum laude in Interdisciplinary Humanities from Michigan State University, she spent the middle years of her career as a clinical physician and public health administrator before returning to her humanities roots. Diane frequently writes lifestyle magazine articles, contributes quality photographs, and is, of course, working on a book.

She lives with her son and husband in Leesburg, Virginia. Her website is: www.dianehelentjaris.com

Diane Helentjaris

## A Modern Odyssey

The old man is going home:
Crossing a bridge left fifty years ago
in adolescent rage.
Home –
After twelve trials and a thousand dangers
After a foreign wife and sixteen grandchildren
who could not speak in the tones of his youth.
The old man is going home:
He whose heart has never lost the sun
on gray-silver olive leaves.
And whose now-weak eyes still reflect
the green Aegean.
Anastasius-called-Tom is going back:
Back to his family –
To brothers he did not write to in forty years
And the grave…
The grave of a father named Christos
The father he saw once in the half-century
The father who never forgave the son.
Back to a pattern as old as life.
Will Penelope still be weaving?

(Published originally in *Proets*, Vol. III, No. 1, 1968.)

## Quickening

Bored, I went to my bedroom,
Reached in the peanut butter jar,
Holes punched in the lid,
Grabbed the chrysalis.
Its papery husk felt like corn silk in my palm
As I watched TV with my brothers.
I felt life for the first time, fluttering inside,
Dreamed of the colorful butterfly growing within
And gingerly replaced it in the jar.
Another day and off the bus I raced
To check on my baby butterfly.
And found instead a dead brown moth,
Large wings crumpled in the glass prison.
It would be twenty years before I felt
That fluttering again.
In my own belly.
But I had learned,
And you survived.

# MARIA KARAMETOU

Maria Karametou is a mixed media artist and writer who has exhibited locally, nationally, and internationally, including at The Ludwig Museum for International Art, Aachen, Germany; The Vorres Museum of Contemporary Art, Athens, Greece; The National Museum of Women in the Arts, Washington, D.C.; The Holter Museum, Helena, Momtana; The National Gallery of Foreign Art, Sofia, Bulgaria; Apartman Projesi, Istanbul Turkey; Trito Mati Gallery, Athens, Greece; Elite Gallery, Moscow, Russia; Kunstwerk Carlshütte, Büdelsdorf, Germany; Ayse Taki Gallery Istanbul, Turkey; Sejong Museum of Art, Seoul, Korea, among many others.

International collaborative projects include "Penelopeia," sponsored by the Presidency of the European Union; being a visiting artist at the international symposium "Earth" at the Skopelos Foundation for the Arts on Skopelos Island, Greece; and originating and curating "Converging Parallels" in collaboration with Turkish artist B. Tavman. Other international collaborations include the "Vegoritis" Project in Northern Greece (summer 2015), and organizing "EcoReflections" in partnership with artist C. Demir. This project was presented at George Mason, and at Resim ve Heykel Müzesi Galerisi in Ankara, Turkey in fall 2015.

Mrs. Karametou's work is in permanent collections worldwide, including The Vorres Museum of Contemporary Art, Athens, Greece; the Baltimore Museum; The Museum of Contemporary Art, Thessaloniki, Greece; The Holter Museum; The Inova Hospital Group collection; Freddie Mac Corporation, and was in the collection of His Exc. The U.S.

Ambassador to Greece and Mrs. T. Miller during his tenure. Numerous art reviews include a variety of publications such as *The Washington Post*; the *Baltimore Sun*; the *New Art Examiner*; *To Vima*; the *Kathimerini*; *Epikera* magazine; *The Evening Sun*; *The Washington City Paper*; *Baltimore City Paper*; the *Voice of America*; the *Washington Review*; *The Alternative*; *Eikastika* magazine; *National Herald*; *Hellenic News*; *Vogue* magazine (Greek edition), as well as an "Antenna" Greek Television interview, and inclusion in the book *The Power Of Visual Logos* (ICAN 2003).

Mrs. Karametou is the recipient of many awards such as a Fulbright Senior Research Scholar Award from the Council for the International Exchange of Scholars, the First Prize in the Maryland Biennial, and Individual Artist Grants from the Maryland State Arts Council. She served on the Board of Directors of the Arlington Arts Center from 2004 -2012 and has been a juror and curator of a number of shows.

Mrs. Karametou first studied painting and drawing in her native Greece under T. Drosos, and immigrated to the U.S. after high school. She holds a B.A. from the University of Maryland (cum laude), and an MFA from the Maryland Institute College of Art, Hoffberger School of Painting, where she studied with renowned artists Grace Hartigan and Salvatore Scarpitta.

She is a professor at the School of Art, George Mason University, where she heads the Drawing Division. Karametou has also taught at the University of LaVerne, the University of Maryland (European Division), and George Washington University.

As a writer, Professor Karametou recently received the Second Prize in the area-wide Short Story competition, and her work was published in the Bethesda Magazine. She has also published her poetry and has just completed her first book, *The Amalgam*, a work of fiction that relates to the immigrant and refugee experiences.

Website/s: http://mariakarametou.com
https://art.gmu.edu/faculty-and-staff/maria-karametou/
Email: mkaramet@gmu.edu

## 1.

The sea kissed and sent you to me
To take you back to the smiles of my childhood
I had nothing else to offer you
I chased butterflies in the summertime
And wrote stories for you
Where did you and those colorful suitors go
When I was moaning and getting muddy
Fighting off Circe's pigs,
Fool,
The war cry was for all of us
You hung it in the closet
And fell asleep carefree
Where did you go with the dreams I gave you
The pebbles, the butterflies, and the stars of my childhood
What did you do with my heart,
Fool,
What did you do
The night they said there'd be a storm
And we filled our oil lamps quietly?
I waited for you
In the bare land with the festive thymes
The gods who play and the alive people
So where did you go
And you burned down the Doric temples
And the almond tree that once bloomed in your eyes
Where
With my love hanging loose in the wind
And my thoughts caught up in your hair,
Fool,
I set sail to bring you back our blue sea

## Maria Karametou

And found you bare and different
Counting your chained feelings
I put my heart on again
But it didn't fit.

2018

## 2.

Mama
The dragons are near
Cold hands from under the bed
Pull at my feet
Where are you tonight
Princess of my beloved fairytales
Travel the seas with me, Mama
I try sleeping to forget
And I dream
Of what I want to forget
Where can I hide my heart, Mama
The night leaves its last echoes
Soon the sun
Will build ladders to the sky
Warm me up again tonight
Like you used to, Mama
I miss you
But you will not be back

2019

## 3.

Under the shed
I held a drop of rain with care
I dreamed of the sunny port
The white houses of my homeland
The painted apples
In my school notepads with the spiral tops
I left
And Mama was crying
She gave me bracelets
Made from pine needles
"Cover yourself well at night," she said
I stare at my watered drink
Then close the blinds
So the sun won't see
My audacity to still dance.

(First Published in the book *The Nurture of the Small: Poetry by Women Artists*, December 1993)

## 4.

The rider with the bushy chest
Left with the rain
I examined the basil plot
My wrinkles
The mountains.
Love, sister
Pinned me on this rock
To feed off salt and loneliness
Go back to sleep Snow White
I'll leave the moon on

(First Published in the book *The Nurture of the Small: Poetry by Women Artists*, December 1993)

## 5.

I found some pine needles
Put them in the freezer
Together with Mama's blessing.
Cut some bread.
We'll hold hands
Then retell our everyday stories
And we'll fall asleep counting
The lost friends again
      Demetrius
           Anna
                Socrates
The smell of rain
In my childhood dreams
Mama's august stories
When the stars pinned the sky
And the nights smelled of homesickness
And watermelon
      Demetrius
           Anna
                Socrates

(First Published in the book *The Nurture of the Small: Poetry by Women Artists*, December 1993)

## 6.

Let your eyes speak to me
When we meet again
On the curved mountaintops
Of our rugged homeland
And I will be your Venus

2017

## 7.

We built walls
To separate men from poems
It got dark
The statues fell asleep
In our arms
We looked at the sky
No answer
Just the moon
To send our dreams back
Every pebble is the tear
Of those who were fooled
By the sea
And never returned
Times are for Art
We are looking for new colors
So we won't be forgotten
By summertime
And our hands

2010

## 8.

What did you do, Michalis
With the crying rain
And the long dark nights
And us
Who were warming our hands
And then held them against our hearts
It's a big thing, Michalis
To paint your lips red
To swallow knives
And still dance
We perished hoping
The roofs fell off
And my Mother adds to the sea
The table waits in vain
For the hero's return
There are no heroes, Michalis
Only you and I
And the lovers of our land
To dance the night away
What to forget first
Brother
We finally forgot how to forget
The teacher was tying my left hand
To learn -she said- to write
With the "good one"
I learned nothing, Michalis
My house has no door
I remember we were drawing
The farmer with his oxen
And I was getting "excellent"
Now I draw my longing
And I get back my longing
How can I forget, Michalis

Maria Karametou

The ocean is too deep
Soon it will take you away again
Michalis
And we will have said
Nothing

2018

## 9.

Look at me
The river is flowing
The night is faraway
The clouds turned into butterflies
And sunk deep
Into the sunset
Ithaca loved Odysseus
Because Odysseus
Loved Ithaca too
Give me your hand

2014

## 10.

Poems hide
Behind your closed eyelids
Hades will not take us
As long as there is love
And the sea
Open your hand
I know what you're hiding
Give me a slice of your sun
To quench my hunger

2019

# STELLA LAGAKOS

Stella Lagakos was born in Sola, a little village close to Gythio, Laconia in Peloponnesus, Greece. She finished high school in Gythio and then worked in an accounting firm in Athens for two years before she left for New York with her whole family in 1967. In New York, she took English classes at New York University where she met her husband Nicholas Lagakos who was taking the same English classes during the day, and they got married in 1970 in Athens, Greece.

Mrs. Lagakos worked in a travel agency during the day but continued her studies in Economics at Queens College, Jamaica, New York. After graduating, she worked for an accounting firm on Park Ave, New York until she had her son Vasilios. When her husband finished his Ph.D degree in Physics, he found a job at Catholic University, and they moved to Washington, D.C. with their 40-day-old son Vasilios. She continued taking classes for her Master's in Economics at night at Catholic University of America.

She found her talents in music, writing poems, and a book late in her life, and she enjoys these hobbies very much.

## Anemone

An anemone grew next to the bloody rose
Next to my well
In my garden that I love so much

*Ach*, anemone, do not cry anymore
You are with me
To keep me company from now on

The two of us together
Can take up the world
Where no one can hurt us anymore

You are a beautiful tear in my heart
I am your love
The sunshine of the world
Where no one can hurt us anymore

No jealousy, no immortality
Can separate us
Our love has been so strong
It will be the star to shine upon the world.

November 10, 2017

## Joy and Love

Joy and love are a richness
Which is different in the eyes of each one of us
To find joy in work by
Doing something significant
Or find love by caring for another person
Who has potential that one can see
One can make him aware of what he can be
To a life he can only respond to by being responsible.

Courage during difficult times is witnessed by tears.
There's no need to be ashamed of tears
It takes courage to suffer;
It is the meaning of sacrifice.

There is always a potential meaning which life holds
Even in the most miserable states, and it only does so
As the unintended side effect of one's dedication
To a cause greater than one's self.

Happiness must happen, and the same holds for success.
Listen to what your conscience commands you to do
Carry it out to the best of your knowledge
As the byproduct of surrendering to a person
Other than one's self, and call it
As the phrase goes, 'A hint from heaven.'

January 7, 2017

Stella Lagakos

# My Sweet Child

I ask Jupiter and Venus
"How is my sweet child?"
They answer, "Thank you very much,
Your sweet child is doing fine.
Up here in the sky, we are alone.
Leave it a little with us
To sing to us in the morning,
To keep us company and have some fun."

Today it is snowing greatly
The clouds are too many
To search for my sweet child's stars -
Jupiter and Venus.

Tomorrow, the sky will be clear
The sun will shine on us once again.
The super moon will visit
My sweet child's courtyard.

Super moon shine on me to see
My sweet child that I love so much.
To sing together in the mornings from afar
Whom I miss so very much.

(In memory of Alexander, August 2017)

## Rainbow

The plain stretched out, dressed in green
As the rain watered the fields
Planted with new seeds.
When the drizzle stopped
We jumped with joy
For an immense rainbow hung in the sky.
Dressed in rubies, emeralds, and gold
Rainbow, you join heaven and earth.

As the people filled the streets
Screaming for change
Tired of lying kings and queens
Your light came leaping down from the sky
Forming an immense rainbow.
Dressed in rubies, emeralds, and gold
Rainbow, you join heaven and earth.

Your light was splendid to see
It spread over the plain while
The people ran in the streets
Screaming for change
Bringing messages from above.
Dressed in rubies, emeralds, and gold
Rainbow, you join heaven and earth.

June 6, 2017

Stella Lagakos

## Your Castle of Light
## (dedicated to the children)

You're the queen of the ocean
You love the sea
Our beautiful angel,
Our winged mermaid.

Your light filled the castle
Day and night, to light up the world
The children to find a place
To guide them with your grace.

You love the sea, you love the children
Guide them to your castle where they will be safe
To find your light, to hold it in their heart
To watch them where they go.

To watch them grow
And when they lose their way
To find your light, to have faith.

With your grace, light their path
To be safe when they do not know
In your beautiful castle to feed the fish
To play with the dolphins, to watch the stars,
As life goes by.

In your beautiful castle, in the middle of the ocean
You have a garden
And the children of the world
Will find your light and your grace
To be forever safe.

# Glimpses of Our World

A little help can go a long way
To help the children stay healthy
In their land, their own space
To spread their light to the world
When they are ready.

                                                June 6, 2016

Stella Lagakos

# Η Αγάπη

Η αγάπη είναι η αλήθεια
Δεν δέχεται στολίδια, φτιασιδώματα,
Είναι μία, δεν υπάρχει παράνομη, ηθική ή ανήθικη
Τίποτα από αυτά δεν κολλάνε στην αγάπη.

Είναι η γλώσσα των θάμνων και των λουλουδιών
Των ζώων, της φύσης όλης
Είναι η ομορφιά της ζωής, και όσοι δεν την γνώρισαν
Δεν αγάπησαν, αλλοίμονό τους.

Είναι η βάση της θρησκείας, της οικογένειας
Όλης της κοινωνίας
Είναι το κόκκινο τριαντάφυλλο στις αυλές,
Είναι οι ανεμώνες στους καταπράσινους τους κάμπους,
Κάτω από τις ελιές, και τις αμυγδαλιές, που
Ακόμη δεν φούντωσαν οι χυμοί τους.
Αγαπάτε αλλήλους διαλαλεί η θρησκεία μας,
Ακόμα και τους εχθρούς, το πιο δύσκολο από όλα.

Σαν τον Άγιο Διονύσιο που όχι μόνο
Συγχώρεσε τον φονιά του
Μονάκριβου αδελφού του,
Αλλά και τον φυγάδευσε
Από την πίσω πόρτα, αφού ο φονιάς μετάνοια
Ζήτησε κλαίγοντας απελπισμένα.

August 1, 2015

## Αγριόκρινο

Αγριόκρινο, αγριόκρινο στα απόκρημνα βουνά
Που βρήκες χώμα και έβγαζες άγρια κρίνα
Οι κρόκοι σου επλήθαιναν
Μοσχοβολούσε η φύσις.

Μέσα στα απόκρυμνα βουνά
Σύναξα τα οστά των αγίων
Η ευωδιά της αγνότητος μύρο γίνονταν
Μοσχοβολούσε η φύσις.

Η φύσις εκεί ψηλά είναι ακόμα αγνή και άγρια
Δεν έφτασε η μόλυνση της ανθρωπότητος
Εκεί οι νέοι είναι αγνοί, τηρούν τις δέκα εντολές
Σέβονται τους γεροντότερους, τους δάσκαλους,
Τους εαυτούς τους ακόμα.

September 1, 2016

Stella Lagakos

## Αλληλεγγύη

Η Αλληλεγγύη είναι σπουδαία
Τα ισχυρά τα κράτη να βοηθούν τα ασθενή,
Ας αφήσουν λίγο από το άφθονο νερό τους,
Να κυλήσει την έρημο να ανθίσει
Με δένδρα και λουλούδια.

Η γη δεν μπορεί να ανθίσει
Χωρίς το αθάνατο νερό,
Ξερή θα μείνει αιώνες με αγκάθια που τρυπούν.

Οι άνθρωποι στη φύση να γυρίσουν,
Να καλλιεργούν την γη,
Τους καρπούς της με ευγένεια να δίνει,
Η πείνα τους να κορεσθεί

Το ποτάμι της ζωής,
Τα ίχνη του να αποκαλύψει,
Στις φλέβες του να κυλήσει σαν αίμα,
Το νερό της αθανασίας να σώσει
Τους αμαρτωλούς.

August 1, 2017

## Η Κάπαρη

Η κάπαρη απλώνει τα κλαδιά της,
Στα αγκάθια της χτυπούν τα φίδια το δέρμα τους,
Να αλλάξουν χρώμα να προστατευθούν
Από τους εχθρούς.

Εμείς όμως ανίδεοι απο τούτο το φαινόμενο το φυσικό,
Μπορούμε να δηλητηριασθούμε,
Όταν ανύποπτοι από τον δικό μας τον εχθρό,
Απλώνουμε το χέρι μας, να κόψουμε τον καρπό της.

Ας είμαστε προσεχτικοί λοιπόν και με προσευχή,
Ας απλώνουμε το χέρι μας και με αμφιβολία
Μη τυχόν τα φίδια και το κακό μας κύκλωσε.

Ας μείνουμε πιστοί και συνετοί όπως οι προγονοί μας,
Και με λιγότερα να ζούμε,
Να είμαστε περήφανοι για την πανέμορφη πατρίδα μας,
Που η Παναγιά μας διάλεξε να κατοικεί,
Και από εκεί να εξουσιάζει ολόκληρη την οικουμένη.

*January 1, 2016*

Stella Lagakos

## Το Κόκκινο Τριαντάφυλλο

Ένα κόκκινο τριαντάφυλλο
Ξελογιάστηκε
Στα μέσα του χειμώνα
Ξεγελάστηκε από τον ζεστό τον ήλιο

Δειλά, δειλά τα πεταλά του ξεδίπλωσε
΄Ανοιξε τα μπουμπούκια του
Που κοίταζαν φοβισμένα
Μη ξέροντας εάν πρέπει να ανθίσουν

Στολίζεις κήπους και αυλές
Έτσι ζεστό και μυρωδάτο
Μπουκέτο για τους ερωτευμένους
Σύμβολο αγάπης.

Αλοίμονο σε αυτούς που δεν σε γνώρισαν
Δεν δάκρυσαν για εσένα,
Ανεμώνες να γεννούν να σε συντροφεύουν,
Το άρωμά σου να γεύονται για πάντα ευτυχισμένοι.

June 1, 2015

## Το Κύμα

Κόρη μου, άνθος αμάραντο,
Ω! Μάτια των ματιών μου,
Μ'άφησες και έφυγες
Και κάθε μέρα κλαίω.

Σαν το κύμα που με πόθο τρεμουλιάζει στην ακτή,
Περιμένω να σε δω,
Νεράιδα μου όμορφη.

Το πέλαγος θωρώ, αλλά και αυτό άλλαξε χρώμα.
Δεν θα αντέξει από την μόλυνση.
Μήπως και σε αγναντεύσω, έστω και για λίγο
Στων βράχων τις σπηλιές.

Σαν το κύμα που με πόθο τρεμουλιάζει στην ακτή,
Περιμένω να σε δω,
Νεράιδα μου όμορφη.

April 1, 2018

## Το Παπάκι

Άσπρο, κάταστρο παπάκι,
Φαντάζεις μεσ' στο ρυάκι,
Τα ολόλευκα σου τα φτερά,
Στον ήλιο γυαλίζουν.

Και αν το πειρά, και αν το πειράξεις μια φορά,
Λαλάει, και η μάνα του απαντάει,
<<Κι αν το πειρά, και αν το πειράξεις δύο και τρεις,
Αρχεί και τραγουδάει.>>

Παπάκι, πού είσαι και δεν τραγουδάς πια;
Και το παπάκι απαντά,
<<Φταίτε εσείς που με τα χημικά το νερό εμολύνθη,
Και δεν τραγουδάω πια, έχασα την φωνή μου.>>

January 1, 2016

## Παράδεισος

Ανοίγω το στόμα μου
Και μ'αγαλλιάζουν τα λούλουδα,
Και παίρνουν τα λόγια μου,
Τα ψιθυρίζουν στις μικρές πεταλούδες,
Τις ημέρες που κλαίνε των ανθρώπων τα βάσανα.

Μυρίζει το γιούλι και κατεβαίνω στον κήπο μου,
Τις νύχτες που ψέλνουν οι άγγελοι,
Στο υπόγειο ποτάμι μια φλέβα του πάλλει,
Να ξεδιψάσουν οι άνθρωποι.

Σε μακρινή χώρα πορεύομαι,
Εκεί δεν κλαίνε τα πλάσματα,
Ανάλαφρα με ακολουθούνε,
Μέγα μυστήρια.

Τα κλάματα που με πρόδωσαν, έγιναν φοινικόκλαδα,
Γιασεμιά, βοκαμβύλιες και γιούλια,
Ελιές, συκιές, ροδακινιές, κλήματα, κιτριές
Ωσαννά, σημαίνοντας, Ο Εν Υψίστοις!

Τα δάκρυα που με πρόδωσαν,
Έχοντας γίνει τώρα πουλιά,
Και γιαλός απέραντος ωραίων ματιών βρεγμένων,
Σε πατρίδα αναμάρτητη τώρα περπατώ.

                                July 16, 2015

Stella Lagakos

# Πρόσφυγες

Σήμερα ο βοριάς σφυρίζει
Και η θάλασσα παίρνει άλλη μορφή
Αγριεύει, σηκώνει παντού άσπρους αφρούς
Ενώ οι γλάροι παντού πετούν
Κάνουν ευλύγιστες στροφές, τους αρέσει το τοπίο.

Τα ψάρια με τα κύματα, χάνουν το ρυθμό τους
Ψηλά πετάγονται και αυτά, παρασύρονται από το κύμα.
Θάλασσα άπειρη, το φως του ήλιου και ο βοριάς
Αλλάζει την μορφή σου, αλλά πάντα είσαι ελκυστική.

Είσαι το πέλαγος τη ζωής, που αλλάζει και αυτή
῾Οταν οι φουρτούνες την ταράζουν
Τα κύματα την παρασύρουν
Γέροι, νέοι, και παιδιά δεν ξέρουν πού να πάνε
Οι βόμβες από την μια, η άγρια θάλασσα από την άλλη.

Ας ψάλλουμε όλοι μαζί το ῎Αξιον Εστίν στην Παναγιά
Στην Μεγάλη της την χάρη!

October 1, 2017

# AMPHITRITE CONSTANTELOS-MANUEL

Amphitrite (Anthoula) Constantelos-Manuel was born in Spilia Messinia. She is a graduate of Kyparissia High School, the College of Saint Basil Academy of the Archdiocese of America, and North Carolina State University.

Mrs. Constantelos-Manuel has been teaching Greek at afternoon classes in our communities since graduating from Saint Basil Academy in 1961. She taught Greek at the Foreign Language Military School in Fort Bragg, North Carolina, for 9 years. She has also taught Sunday School in the communities she served.

She has published a book of poetry: *Σκιρτήματα Καρδιάς Φτερουγίσματα του Νου - few thoughts few tears little laughter*, and three children's books: T*hree Aesop's Tales Retold in Verse, Five Aesop's Tales Retold in Verse,* and *Παραμονή Χριστουγέννων, (απόδοση από τα Αγγλικά του Clement C. Moore: The Night Before Christmas)*. She is currently working on a collection of poems.

Her poems, both in Greek and English, have also been published in a variety of newspapers, such as *The National Herald, Atlantis, Fayetteville Observer*, and others, as well as in magazines here and in Greece, such as the *Hellenic American Pictorial Magazine, Greece in Print*, and more. She is an active member of The Ladies Philoptochos Society. She volunteers at the Museum of the Cape Fear in

Fayetteville (a branch of the Museum of History of North Carolina).

She is married to Father Chrysostom Emmanuel, and is the mother of four children and grandmother of eight grandchildren. She enjoys playing with her grandchildren, writing, reading, knitting, cooking, and cultivating her garden.

## Για τον Ιωάννη Καποδίστρια

«Ὡς χαρίεν ἐστ᾽ ἄνθρωπος, ὅταν ἄνθρωπος ἥ»
λέγανε οι προγονοί μας οι σοφοί.
Τι χαρά στον άνθρωπο που ζει την ανθρωπιά του,
θα λέγαμε εμείς οι σημερινοί.

Αυτό πρέπει να πούμε και για τον Καποδίστρια,
τον πρώτο κυβερνήτη της ελεύθερης Ελλάδας.
Τι τιμή στον κυβερνήτη που κυβερνά μ᾽αγάπη,
την γενέτειρα πατρίδα και όλον της τον πληθυσμό.

Γαλουχημένος με ιδέες του καλού κι ευγενικού,
δείχτηκε άξιος πολίτης, επιστήμων, διπλωμάτης
και υπόδειγμα πολιτικού.

Αν και για πολλά χρόνια ζούσε απ᾽την Ελλάδα μακριά,
παρακολουθούσε κάθε βήμα του αγώνα των Ελλήνων για
την ελευθερία. Διπλωμάτης στην Ρωσία,
ακούραστα εργάστηκε στον ευρωπαϊκό φιλελληνισμό που
έπαιξε μεγάλο ρόλο στον ιερόν αγώνα τον
απελευθερωτικό.

Κι όταν τον κάλεσαν να γίνει Κυβερνήτης της Ελλάδας,
δέχτηκε, γνωρίζοντας καλά τις δυσκολίες
που υπήρχαν, να στεριώσει την καινούργια χώρα
και να την κάνει Δημοκρατική.

-Αν και η δημοκρατία γεννήθηκε εκεί που την εξαφάνισαν
οι εχθροί!

Σαν πήρε ο Καποδίστριας το πηδάλιο της χώρας,
έβαλε πρώτη του φροντίδα, την εγχώρια παιδεία.
Άνοιξε σχολεία εκπαιδευτικά,
σχολεία τεχνικά και γεωργικά,

κι οργάνωσε τις ένοπλες δυνάμεις του στρατού
και του ναυτικού.

Για την δικαιοσύνη του λαού,
έκανε δικαστήρια με δίκαιους
δικαστές, πιστούς τον νόμο να υπηρετούν.
Έδινε θάρρος στους πολίτες, για το καλλίτερο τους αύριο,
με το σύνθημα:
-Αν έχουμε μαζί μας τον Θεόν,
κάθε σχέδιό μας είναι δυνατόν!

Φρόντισε για την οικονομία:
έκοψε τον ασημένιο φοίνικα,α
της χώρας πρώτο νόμισμα, τα χάλκινα τα κέρματα,
γινήκαν απ'το λιώσιμο των παλιωμένων κανονιών.
Τα χρόνια που κυβέρνησε, ήταν μόνο τρία και μισό.

Το έργο που κατόρθωσε ήτανε πρωτάκουστο,
σε αξία και ποσό.
Ας κλίνουμε το γόνυ μας με δέος και αγάπη,
Τιμή κι ευγνωμοσύνη να εκφράσουμε
στον ένδοξο θεμελιωτή της χώρας που αγαπάμε.

## Εκ Γυναικός

Ο πρίγκιπας Θεόφιλος
στα χρόνια τα Βυζαντινά
να βρει μια κόρη ήθελε
με γνώση κι ομορφιά,
να την κάνει συντροφό του
πριν τον κάνουν βασιλιά.

Έδωσε μια δεξίωση
και φρόντισε να'ρθει
κάθε ανύπανδρο κορίτσι
από την Πόλη την λαμπρή,
για να διαλέξει ο ίδιος
αυτή που νόμιζε εκλεκτή.

Στην εύθυμη συγκέντρωση
ξεχώρισε μια κόρη ευγενική,
με ομορφιά και χάρη,
με τ' όνομα Κασσιανή.
Την επλησίασε και είπε,
με σταθερότητα ανδρική,

<<Εκ γυναικός πηγάζει τα φαύλα>>
Απ' την γυναίκα έχουν αρχή
οι πόνοι και τα βάσανα
στ' ανθρώπου την ζωή,
υπονοούμενος την Εύα
στην βιβλική παρακοή.

Η Κασσιανή τον κοίταξε
και με φωνή ευγενική
«εκ γυναικός ερρύει τα κρείττω,»
του είπε χαμογελαστή,
Απ' την γυναίκα έρχεται
κάθε ωραίο στην ζωή.

Amphitrite Constantelos-Manuel

Την Παναγία εννοώντας
που έφερε τον Χριστό
και φανέρωσε σε όλους
τον Πατέρα μας Θεό,
και μας δίδαξε η αγάπη -
είναι το τέλειο αγαθό.

Ο πρίγκιπας Θεόφιλος
αν και του άρεσε πολύ,
δεν διάλεξε για σύζυγο
την κόρη την ευγενική,
γιατί ό,τι είπε απέδειξε
πως ήταν έξυπνη πολύ.

(*Εθνικό Κήρυκα*, November 20, 2008)

## Δάκρυ της Ξενιτιάς

Δάκρυ της ξενιτιάς
Είσαι πικρό
Είσαι καυτό.
Πόσες φορές αμέτρητες
Μου έπρηξες τα μάτια
Δίνοντάς τους
Το χρώμα της φωτιάς.
Πόσες νυχτιές ατέλειωτες
Μούσκεψες το προσκεφάλι μου,
Και μ'έκανες ανίκανη
Να κρατήσω το νου μου
Στον τόπο που ζω.
Στο κρεββάτι το σώμα,
Μα ο νους μακριά,
Σ'ένα κομμάτι γης,
Σ'έναν γαλάζιο ουρανό.
Ω, δάκρυ,
Περνούν τα χρόνια,
Και μένεις ίδιο.
Μα μια ικεσία τώρα σου κάνω:
Γίνε κρυφό.
Μην τρέχεις έξω
Γύρισε μέσα
Γίνε αόρατο.
Μην κάνεις να σε βλέπουν
Ο άνδρας μου και τα παιδιά μου.
Μην τους κάνεις να μαντέψουν
Το καμίνι που κρύβει
Κάθε σου σταγόνα.

Amphitrite Constantelos-Manuel

Θα'ταν πολύ να ζητούσα
Να μην υπάρχεις,
Αφού το ξέρω,
Αφού το νοιώθω,
Πως θα'σαι μαζί μου,
Και μες της ξενιτιάς το μνήμα.

(Περιοδικό: *Τριφυλιακή Εστία*, Winter 2006-2007)

## Ένας Θρύλος της Αγιά-Σοφιάς

Ο Ιουστινιανός,
ο μέγας αυτοκράτορας
του ενδόξου Βυζαντίου,
θέλησε να κτίσει
μια μεγάλη εκκλησιά,
να περνά στην ομορφιά,
του Σολωμόντα το ναό
στην Ιερουσαλήμ.

Κάλεσε στο παλάτι του
αρχιτέκτονες καλούς,
απ' το βασίλειό του,
και τους είπε να του κάνουν
σχέδια πολλά,
κι αυτός θ'αποφασίσει
πιο θα'ναι το καλύτερο
για την μεγάλη εκκλησιά.
Κι άρχισαν οι αρχιτέκτονες
σχέδια πολλά να κάνουν.
Κανένα όμως σχέδιο
δεν εντυπωσίασε
τον Ιουστινιανό.

Μια μέρα ο αυτοκράτορας,
που'ταν στην εκκλησία
σαν έπαιρνε το αντίδωρο,
από το σεβάσμιο
του Πατριάρχη χέρι,
του έπεσε ένα ψίχουλο
κι έσκυψε να το πάρει.
Μα πριν φτάσει το χέρι του
στο κομματάκι τ'άρτου,
μια μέλισσα τον πρόλαβε,

άρπαξε το ψίχουλο
και πέταξε μακριά του.

Λυπήθηκε ο βασιλιάς
που του πήρε η μέλισσα
το ευλογημένο αντίδωρο,
και έδωσε διάταγμα
σ' όλους τους μελισσοτρόφους
να ψάξουν στις κυψέλες τους,
να βρουν τον άγιο άρτο.

Ένας μελισσοκόμος,
καθώς, πολύ προσεκτικά
άνοιξε την κυψέλη,
είδε το θείο ψίχουλο
σε μια μικρή κηρήθρα
φτιαγμένη, ως εκ θαύματος,
σαν μια μικρή εκκλησία.

Πήρε ο μελισσοτρόφος
την κηρήθρα με χαρά,
έτρεξε στο παλάτι,
και το' δωσε στο βασιλιά.

Όταν ο Ιουστινιανός
είδε στην κηρήθρα
το ψίχουλο που ζήταγε
μέσα σε σχέδιο εκκλησιάς,
χάρηκε αφάνταστα
και ένοιωσε πως ήταν
πρόνοια θεϊκή.

Κάλεσε τον Ανθέμιο
τον άξιο αρχιτέκτονα
και του' δωσε το σχέδιο
μ' αυτή την εντολή:

Έτσι θέλω να χτιστεί
η μεγάλη εκκλησία
για να εκφραστεί
το θείο μεγαλείο
και του Θεού η σοφία.

(*Εθνικό Κήρυκα*, September 22, 2011)

## Μεγάλη Πέμπτη

Ω! να κατόρθωνε κανείς
τις θείες στιγμές να συλλαμβάνει
και μέσα στ' άψυχο χαρτί,
με νόημα και ψυχή να βάνει.

Αλήθεια να' ταν δυνατό
να έγραφα σ' αυτούς τους στίχους
ότι αισθάνθηκα ιερό,
απ' των σεπτών παθών τους ύμνους.

Του Εσταυρωμένου την ιερή,
πνοή απ' το πέρασμά του,
καθώς σκυφτή γονατιστή,
το θείο ένοιωθα άρωμά του.

Στους ώμους του ο ιερεύς,
αργά, αργά τον επερνούσε,
μπροστά από ευλαβικές καρδιές
που καθεμιά τον προσκυνούσε.

Έψελνε τον ύμνο ο λειτουργός,
«Σήμερον κρεμάται επί ξύλου»
όλου του κόσμου η κιβωτός,
κι έφερνε ρίγη, το νόημα του ύμνου.

Θείες στιγμές, θείες στιγμές,
μένετε πάντοτε βαθειά μου,
να διώχνετε τις συννεφιές
όταν φωλιάζουν στην καρδιά μου.

## Μια Ηλιαχτίδα

Μια παιχνιδιάρικη ξανθιά
ολόχαρη γλυκιά αχτίδα
κοντά μου ήρθε απαλά
και μούπε τόσα απ' την πατρίδα.

Μου είπε πως ήτανε αυτή
π'όλη τη μέρα χτες γυρνούσε
μεσ' του σπιτιού μας την αυλή
κι όλα τα δέντρα μας φιλούσε.

Μου είπε πως είδε την γλυκιά,
την λατρευτή μου την μανούλα
και χρύσωσε τα γκρίζα της μαλλιά
η μεταξένια αχτινούλα.

Μου είπε πως χάιδεψε απαλά
του στοργικού πατέρα μου το χέρι
την αδελφή μου φίλησε γλυκά
και τ'αδελφού μου γέλασε με χάρη.

Έπαιξε με τη γέρικη μουριά
που'ναι στην πόρτα του σπιτιού μας,
με την μικρή γυρτή κληματαριά
μ' όλα του κήπου του δικού μας.

Μου έφερε αναμνήσεις μαγικές
του ήλιου η μικρή αχτίδα,
στη θυμησή μου έφερε σκηνές
απ' την ωραία μου πατρίδα.

(*Ελληνισμός Αμερικής*, 1960)

## Οι Βροντές και η Βροχή

Ο φιλόσοφος Σωκράτης
σ' όλο τον κόσμο ξακουστός
στην αρχαία την Ελλάδα
ήτανε ο πιο σοφός.

Έτρεχαν οι μαθητές του,
για να μάθουν απ' αυτόν,
με τον μαιευτικό του τρόπο.
το καλό και τ'αγαθό.

Μόνο την φιλοσοφία
είχε όμως στην καρδιά,
δεν τον ένοιαζε και τόσο,
για τα οικογενειακά.

Τη γυναίκα του Ξανθίπη,
δεν την άκουγε ποτές,
γι' αυτό κι'αυτή πολλές φορές
του έβαζε τις φωνές.

Περί ανέμων και υδάτων
φιλοσοφούσε μια φορά,
και η Ξανθίπη του ζητούσε
δυο δραχμές για φαγητά.

Δεν της έδινε ο Σωκράτης
σημασία ούτε ματιά,
δυνατότερα η Ξανθίπη
του ζητούσε τα λεπτά.
Αδιαφορούσε ο Σωκράτης
φιλοσοφούσε σοβαρά,
και θυμωμένη η Ξανθίπη
φώναζε πιο δυνατά.

Τίποτε όμως, ο Σωκράτης
τον ίδιο συνέχιζε σκοπό.
Παίρνει τότε η Ξανθίπη
μια υδρία με νερό.

Και με φούρια τότε χύνει
το νερό το δροσερό,
στου Σωκράτη το κεφάλι
που ήταν και λίγο φαλακρό.

Δεν κουνήθηκε ο Σωκράτης
μα είπε με ήρεμη φωνή:
<<Αυτό αποδείχνει φίλοι μου
πως οι βροντές φέρνουνε βροχή.>>

(*Εθνικό Κήρυκα*, November 16, 2006)

## Στον Όμηρο

Όμηρε, πνευματικέ πατέρα ποιητών,
μέγα τραγουδιστή ηρώων και θεών
αιώνιας Ελληνικής Μυθολογίας.
Δημιουργέ αξέχαστων περιγραφών,
που δίνουνε στην σκέψη μας φτερά,
και βλέπουμε τον «νεφεληγερέτη» Δία
«πατήρ ανδρών τε και θεών τε»
στον θρόνο του, στ' Ολύμπου την κορφή,
με σκήπτρο του την τρομερή την αστραπή.

Οι ποιητικές σου εικόνες,
στην μνήμη μου έχουν χαραχτεί,
από τα χρόνια τα μαθητικά,
τότε που η Ιλιάδα κι η Οδύσσεια,
ήτανε μαθήματα υποχρεωτικά.
Ατόφια μένει η «ροδοδάκτυλος Ηώ»
και η «θεά γλαυκόπις» Αθηνά,
ο «ξανθός Μενέλαος» της Σπάρτης,
κι ο «πολυμήχανος» Οδυσσέας της Ιθάκης.

Μερικές φορές σαν θέλω,
-Τι λες, παιδάκι μου, να πω,
φέρνω στα χείλη μου τα λόγια
που έβαλες στον νεφεληγερέτα Δία,
σαν ρώτησε την κόρη του Αθηνά, και λέω:
«τέκνον εμόν, ποίον σε έπος φύγεν έρκος οδόντων»
-Τι λόγος ξέφυγε παιδί μου
το φράγμα των δοντιών σου;
κι αντί για λόγια στον αέρα είν' αυτά,
«έπεα πτερόεντα» λέγω χαμογελαστά.

Κι όταν την γενέτειρα πατρίδα νοσταλγώ,
τη δική σου την στροφή αναπολώ,

που εξέφρασες την νοσταλγία του Οδυσσέα
«ιέμενος και καπνόν αποθρώσκοντα νοήσαι
ής γαίης θανέειν ιμείρεται»
καπνόν από το σπίτι του να δει,
και ας πεθάνει επιθυμεί.
Αθάνατα θα μείνουνε τα έπη σου,
σε γλώσσες πολλών πολιτισμών.
Όμηρε, πνευματικέ πατέρα ποιητών.

(*Εθνικό Κήρυκα*, August 20, 2008)

# APHRODITE PALLAS

Born in Kalloni, Lesbos, Ms. Pallas attended the Pandeio University in Athens, and George Washington University in Washington, DC, where she majored in education. In 1968-1969 she organized the Greek School with Father Steven Vlahos, the first priest at Saint George, Bethesda, MD with only 16 students. She continued teaching Greek for 40 years. As a Greek teacher, she taught the diplomats at the Berlitz School of Languages for 15 years in Arlington, VA. She happnened to have a very interesting student who later became the wife of Pavlos, Prince of Greece. She also taught private Greek lessons as well as Greek to adults at St. George Greek Orthodox Church in Bethesda, MD. She also taught Sunday School at St. George.

As a member of the Ladies Philoptochos Society at St. George, she helped give the first Spring Luncheon at the Montgomery Mall, Bethesda, MD, where Mr. John Galanis in his lovely restaurant cooked all the food and set all the tables around the grills. In front of the restaurant, space was made for dancing.

Mrs. Pallas is married to Nicholas and they have two daughters, Sophia and Eleni. She can be reached via email: aphrodite34@verizon.net

## Το Ελληνικό Πάσχα

Πάσχα είναι τα κόκκινα αυγά,
είναι τα κουλουράκια,
είναι τα γέλια κι οι χαρές
κι οι εκδρομές στις εξοχές.

Είναι η μεγαλύτερη γιορτή
της Ρωμιοσύνης
που θυσιάστηκε ο Χριστός
για χάρη της ειρήνης.

Προτίμησε να σταυρωθεί
να υποφέρει τόσο,
όχι γιατί αμάρτησε
αλλά για μας και μόνο.

Κι αν λύγισε για μια στιγμή
και φώναξε:
"Πατέρα, πάρε από με το βάσανο,"
Εκείνος, εισακούοντας,
τούδωσε την Ανάσταση,
την νίκη του θανάτου,
το θαύμα,
από τα θαύματά Του.

April 2018

Aphrodite Pallas

# Ποίημα της Μητέρας

Έξω βρέχει κι εγώ σε σκέφτομαι
πίσω από τα τζάμια τα θολά,
μ'ένα βαθύ παράπονο,
μια παιδική απαρηγόρητη θλίψη.

Απέναντί μου η φωτογραφία σου
με κοιτάζει επίμονα και ζωντανά,
αλλά δεν χορταίνω να βλέπω
την ομορφιά σου και να σ'αναζητώ.

Ήσουν πάντοτε όμορφη μανούλα μου
όσοι σε γνώριζαν καμάρωναν την ομορφιά σου,
και θαύμαζαν την καλωσύνη, ευγένεια,
και συμπεριφορά σου.

Σήμερα, θυμήθηκα όλα τα περασμένα,
και μαζί με τ'ουρανού τα δάκρυα,
τα λυπημένα μάτια μου
τρέχουνε τα καημένα.

Και να, σε ψάχνω να μου πεις,
<<εδώ που είμαι είναι όμορφα
και μην στενοχωριέσαι,>>
κι εγώ, μανούλα να σου πω
πόσο πολύ σε αγαπώ.

May 2008

## Ποίημα του Πατέρα

Εχθές την νύχτα
μεσ᾿ στον ύπνο μου περπάταγα,
σε ακρογιάλι
μακρινό και ονειρεμένο.

Μα δεν ήμουν μόνη μου στο πέλαγος
δίπλα μου ο πατέρας περπατούσε,
μες στα μάτια μου η αγάπη κι αγωνία μου
μέσα στο χέρι του, το χέρι μου κρατούσε.

Η σιγουριά και η ευτυχία που αισθάνθηκα
ήταν πρωτόγνωρη κι ευλογημένη,
και μ᾿ όλη την ψυχή μου παρακάλαγα
έτσι να μείνουμε για πάντα ενωμένοι.

Και άκουσα που μου έλεγες, πατέρα μου
<<Σε σήκωνα στα χέρια μου και περπατούσα,
δεν σ᾿ άφησα ποτέ μου θυγατέρα μου,
στο ανηφόρι της ζωής σου σε κρατούσα.>>

*November 1961*

## Χριστούγεννα

Σήμερα ξύπνησα
πολύ ανάλαφρα και χαρωπά,
μην είναι υπεύθυνο το φως
των Χριστουγένων για όλα αυτά.

Να, η ψυχή μου ανοίγει
διάπλατα και αγαπά,
δεν βλέπει τ'άσχημα,
δεν βλέπει τ'άδικα και χαμερπά.

Μόνο αισθάνεται χαρά
παράξενη, πάρα πολύ
και παραβλέπει, όλα
τα χαίρεται και συγχωρεί.

Τι ωραία που έφθασε
ετούτη η μέρα η γιορτινή,
που ο Χριστός γεννήθηκε
για όλους μας σ'αυτή την γη.

Να αισθανθούμε την σημασία
την πραγματική,
και να γιορτάσουμε με πίστη,
ελπίδα και αγάπη αληθινή.

December 2017

# PETER PARAS

Born in Florina, Western Macedonia, Greece, Peter Paras graduated from high school at the age of 16. He completed his undergraduate studies in physics at the University of Athens. He was accepted in the Nuclear Engineering Department at the University of Michigan, where he received a Master of Science degree in Nuclear Science and a Doctorate in Radiation Protection. He accepted a joint position at the Puerto Rico Nuclear Center (PRNC), and the University of Puerto Rico. By the time he returned to the United States, Dr. Paras was a full professor and the Deputy Director of the PRNC. During his tenure at the PRNC, Dr. Paras was in charge of the nuclear reactor and the scientific research performed there. As a member of the faculty of the University of Puerto Rico, Dr. Paras developed four graduate programs in Health and Medical Physics, which were sponsored by the World Health Organization, the International Atomic Energy Agency, and the U.S. Public Health Service.

Upon returning to the United States, Dr. Paras continued as Director of the Division of Radioactive Materials and Nuclear Medicine of the Bureau of Radiological Health of the FCA, in Rockville, Maryland. By the time of his retirement, he was the Assistant Director for Nuclear Medicine, Center of Medical Devices, of the FDA. Dr. Paras served as the chairman of a committee of the International Electro-technical Commission, and developed performance standards for all nuclear medicine devices. For his work and achievement, Dr. Paras received the 1906 Annual Award of the IEC in 2005. Dr. Paras edited three publications and wrote over 200 papers. He holds a patent of a quality control phantom for gamma cameras. Concurrently, he developed short-term Quality Control workshops in the United States. These were sponsored by WHO and IAEA, and offered worldwide.

Upon retirement, Dr. Paras pursed his lifelong dream of storytelling and has published a novel and nonfiction book. Dr. Paras is married with three children.

## Fifty Years of Life Together

I'll always remember the first sight of you
It was a gloomy afternoon as I walked down the street
Someone from behind called my name.
I turned and saw a beautiful young lady.
It was you
Hard to recognize the little girl I once knew
I gave your message to my sister, your friend
She wanted to visit you and I was willing to escort her
A simple desire to see you was born
I found excuses to come to "Agia Paraskevi" often
Either with my sister or even alone to see
My friend Christo G. or you directly
I always was welcomed by your family
Even when I had no excuse.
Visiting your home meant a lot to me,
Including learning to play Tavli
Such innocent times for emotions to be born
Springtime, with its brilliant colors exploded everywhere
Life was beautiful,
Like the fragrance from the flowers that filled the air
I love the wildflowers that grow along the path of life
It was the end of March 31, 1957, when you and I
Decided to join our paths in life, followed by the
Official declaration on September 29.
On that day your bright eyes
Filled my heart with love
A day could not pass without seeking them again.
I promised to love you every day more and more
I will love you without beginning and without end
It is my goal to love you always
Mornings and evenings, winters and summers
I will love you.
We took the path of life together, believing in Him

Peter Paras

We decided to let love be the light that guided our way
Let love be the way to peace and joy
Let love shine through for all to see
True love is such a magical thing,
It brings us closer to Him
A garden lives within our souls, a secret place so dear
Nobody is perfect, all of us have traits to overcome
He saves me from myself, time and again,
For me to doubt
Such were the thoughts at that time
We hoped and waited for the American Dream
The acceptance letter for graduate studies by the
University of Chicago arrived
Interrupting our honeymoon,
We were forced to separate for a while
When our trip was postponed,
I found myself without a job
We felt alone, but we were not alone.
He was with us
Even if we did not know it.
I did not lose my courage to face life
And I knew that something would come through
We continued to have hope, and I kept looking,
But you saw it first.
It was a vacancy for a science-math professor in Korthion-Andros Island.
I applied without delay
My appointment was approved quickly
It was like a miracle
In November, a teaching vacancy existed
I did not know then that He had kept it for me.
Filled with optimism and excitement
I took the next boat
Soon I found out that there was even a place to rent
So I visited the school, faculty, and students
And started teaching

At the end of the day, I was told that someone had
Agreed to offer me a part of his house.
They strongly recommended that I accept it
Since nothing else was available
I reluctantly agreed and phoned you, feeling strained
You arrived the second day
Everything became Beautiful again.
Life was a dream, a real honeymoon again
Your smile was my company when I was away.
Good memories last forever,
Nothing can put them away.
I am sure you also remember our family's beginnings
Each day was a special day and the time was ours
To learn to love each other and practice this love of ours
All good things in life do not last long enough, however
Six months later we left for the new world
Uncle George had given me a chance,
And I was determined to succeed.
Our honeymoon in winter was interrupted again
By the American dream
We did not know what was waiting for us
One piece of luggage and one carryon
Was all we could take.
Hard times they were,
We were only allowed twenty dollars
Each to bring with us
I was excited to study under Fermi
For a doctorate in Nuclear Physics
It was not a small thing to be accepted
At the University of Chicago
We hoped and believed that everything was for the best
There was no preplanning and no calculations
For we had left everything in the hands of God
We followed the old traditions in a modern world that
Was full of doubt and temptation.
I had a desire to achieve the highest possible,

Peter Paras

A desire to be all that I could be
There was no warranty for success,
There was only my faith that I could do it
That was our hope.
We said goodbye to friends and relatives
Who wished us the best.
My father shed tears
He must have known that he would not see us again
We did not realize it then.
We left for the unknown in the boat of hope
For a place of new horizons
A place we had heard a lot of,
But we could hardly imagine
The impossible dream was becoming a reality.

# NICHOLAS PATRONAS

Dr. Nicholas Patronas was born in Tarsina, Greece. He graduated from the Medical School of the Aristotelian University of Thessaloniki in 1966. After he completed his military obligation in the Greek army, he arrived in the United States in 1968, and specialized in Diagnostic Radiology at the University of Illinois. He also received subspecialty training in Neuroradiology, completing a one-year Neuroradiology fellowship at Northwestern University.

He taught at the University of Chicago from 1973 -1981. During his tenure there, his scientific publications contributed to the rise of a new then medical field, Interventional Radiology. In 1981, he took a sabbatical and came to NIH, where he worked on a new imaging modality, the Positron Emission Tomography (PET). In 1985 he was appointed as a Full Professor in the Department of Radiology at Georgetown University.

In 1996 he returned to the Clinical Center of NIH where he served as the chief in the section of Neuroradiology for the next 20 years. During the many years of engagement in Academic Medicine, Dr. Patronas has taught countless number of medical students and young doctors specializing in radiology and has authored or co-authored over 250 publications in peer-reviewed journals. He has been awarded the title of Honorary Member of the Hellenic Radiological Society and holds an Honorary Doctoral Degree from the University of Athens.

## Nicholas Patronas

Since his retirement in 2016, Dr. Patronas has been collecting his memories and writing verses and poems reflecting various meaningful events experienced during his long and fulfilling life.

## Άγουρα Νιάτα

Περπάτησαν στα σοκάκια της πόλης
μέσα στη νύχτα
κρατώντας ο ένας το χέρι του άλλου
και δεν μίλησαν.
Εκείνος μεσογειακός
της αλμύρας γιός.
Κι εκείνη ξανθιά, με γαλανά τα μάτια
κόρη του βορρά.
Οι κινήσεις του σώματος
το μόνο μέσο επικοινωνίας ανάμεσά τους.
Κι όμως απολάμβαναν
την συντροφική τούτη εμπειρία τους.
Στην άκρη της πόλης
τα παλιά τείχη ορθώθηκαν μπροστά τους
εμπόδιο στο δρόμο τους
που ανηφόριζε.
Αψηφώντας τον πέτρινο όγκο του
βρήκαν μονοπάτι βολικό
κι ανέβηκαν στη ράχη του τείχους
κι αισθάνθηκαν περήφανοι
για την κατάληψή του.
Εκεί κάθησαν, να ξαποστάσουν
κοιτάζοντας τα μάτια τους αμίλητοι.
Κάπου-κάπου εψέλλιζαν κάποια κουβέντα
που νόμιζαν ότι και οι δυό τους κατανοούσαν.
Μετά σώπαιναν για ν' απολαύσουν
τη σιγαλιά της νύχτας
κοιτάζοντας τα μάτια τους
αμίλητοι.
Οι δυο τους μόνοι βρίσκονταν
σ'όλο το σύμπαν
ανάμεσα στ' αστέρια τ' ουρανού.
Έτσι κατανοούσαν

ένα μικρό μέρος του θαύματος
του κόσμου αυτού που ζούσαν
μακριά από τα φώτα της πόλης
και τους ανθρώπους της
που συνωστίζονταν
και φωνασκούσαν.
Άπλωσαν τα χέρια τους
απάνω στα πέτρινα αγκωνάρια του τείχους
και τα ψηλάφησαν
αναζητώντας τα χέρια εκείνων
που τα δούλεψαν πριν από τόσα χρόνια
και γέλασαν αμήχανα.
Κοιτάχτηκαν πάλι στα μάτια ευλαβικά,
προσπαθώντας να κρύψουν τη φλόγα
που έκαιγε μέσα τους
ελπίζοντας ότι ο χτύπος της καρδιάς τους
δεν θ' ακούγονταν.
Κοίταξαν τ' αστέρια που λαμπύριζαν
και τ'αστέρια κοίταζαν τους νέους
που κι αυτοί λαμπύριζαν
με το δικό τους τρόπο.

Τ' αστέρια κοίταζαν και απολάμβαναν
τη ντροπαλότητα της νιότης τους.

## Απ' τα Παλιά τα Χρόνια

Αλέτρι το χώμα χάραξε
και μέσα στ' αυλακώματα
σπόρος του σταριού
ξαπλώθηκε
τη ζεστασιά της μάνας γης
να νοιώσει.
Ήρθαν μετά τα σύννεφα
κι εκείνα γέννησαν βροχή
που μούσκεψε και
μύρισε ευωδικά
το δουλεμένο χώμα.
Οι σπόροι έγιναν κλωνιά
κι ο τόπος επρασίνισε
στον κάμπο πέρα ως πέρα
Και τα κλωνιά εψήλωσαν
κι έβγαλαν στάχια στην κορφή
κι όταν ο άνεμος φύσαγε
γινόταν χάδι απαλό
στα λυγερά κορμιά τους
κι εκείνα εκυμάτιζαν
αμέριμνα στο χρόνο.
Με τον καιρό ο άνεμος δυνάμωσε
κι απόδιωξε τα σύννεφα
απ' τον ουράνιο θόλο
κι ο ήλιος εμφανίστηκε
και ζέστανε, και μέστωσε
τα χρυσαφένια στάχια.
Τότε οι θεριστές ξεκίνησαν
με δρέπανο στα χέρια
Εφεύρημα των Φαραώ
ατόφιο κι απαράλαχτο
από τα χρόνια εκείνα.
Κι ολημερίς εδούλεψαν

το γιόμα να θερίσουν
Είναι σαν να μην άλλαξε τίποτε
απ' τα παλιά τα χρόνια.
Η ζωή με όλη την απλότητά της
συνεχίζεται
Και το παιχνίδι του ήλιου
με τα σύννεφα και την βροχή
δεν παύει να επαναλαμβάνεται.

## Αποχαιρετισμός

Σαν μανιασμένος έτρεξες
το τραίνο να προφτάσεις
μην φύγει και το όνειρο
πριν γεννηθεί το χάσεις.
Το τραίνο σε περίμενε
σαν πιστικός σου φίλος
επάνω του σκαρφάλωσες
και σ' έπιασε ένα ρίγος.
Σ' ένα κελί του τραίνου βρέθηκες
παλιό, ξεθωριασμένο
και η ψυχή σου αισθάνθηκε
πουλί εγκλωβισμένο.
Και είδες τους άλλους δίπλα σου
αμίλητα κουφάρια
το σκυθρωπό τους πρόσωπο
σαν να 'χασαν στα ζάρια.
Σ' αυτό το χώρο άρχισες
να πλάθεις τα όνειρά σου
μεσ' στην ομίχλη της αβεβαιότητας
αυτά είχες συντροφιά σου.
Κι ακούστηκε ένας θόρυβος
σαν ένα βογγητό
που έδινε το σύνθημα
για αποχωρισμό.
Κι ήταν το τσίριγμα συρτό
που σαν μαχαίρι έκοβε
την σκοτεινιά μπροστά σου
και σαν βροντή ετάραξε
την άπειρη καρδιά σου.
Κι έβγαλες το κεφάλι σου
έξω στο παραθύρι
και με της μνήμης το φακό
θέλησες να τυπώσεις

σ όλη τη λεπτομέρεια
την μελαγχολία της στιγμής εκείνης.
Κι είδες μάτια που εστίαζαν
επάνω στα δικά σου
κι αισθάνθηκες την ζεστασιά
μέσα στα σωθικά σου.
Κι ενώ το τραίνο έφευγε
δυο χέρια ανασηκώθηκαν
και σ' αποχαιρετούσαν
τα φυλλοκάρδια της καρδιάς
σαν τύμπανο χτυπούσαν.
Δυο χέρια που επάλλονταν
σαν κρίνα μαραμένα
μέσα στο μισοσκόταδο
του αποχαιρετισμού.
Αυτή ήταν η στερνή σου θύμηση
στη μνήμη τυπωμένη.

## Ο Έλληνας

Ο Έλληνας είναι οδηγητής
δεν είναι διακονιάρης
Ο Έλληνας είναι δημιουργός
δεν είναι μαϊμουδιάρης.

Ο Έλληνας είναι εμπνευστής
του κόσμου κάθε αξίας.
Ο Έλληνας είναι η πηγή
ανθρώπινης σοφίας.

Ο Έλληνας είναι ερευνητής
στου κόσμου την πορεία.
Ο Έλληνας είναι η δίολκος
της γνώσης, της παιδείας.

Ο Έλληνας ήταν πάντοτε
ενάντιος στη δουλεία.
Ο Έλληνας έδωσε έννοια
στη λέξη Ελευθερία.

## Ματαιότητα

Στης τύχης τα κύματα κλυδωνίζομαι
Παλεύω ξέμακρα μόνος
Κι ο νους μου σαλεύει
Γεμάτος ερωτήματα.

Πόσο πρόσκαιρο είναι τούτο το πέρασμα,
Πόσο μάταιη τούτη η πλεύση
Κι η αγωνία που σε παραδέρνει
Στον ανεμοστρόβιλο
Πόσο άσκοπη και περιττή.

Ένα μόριο του κύματος
Ανεβαίνεις και πέφτεις
Ακολουθώντας δυνάμεις
Και νόμους ασύλληπτους.

Ταλαντεύεσαι στον αρμονικό παλμό
Του σύμπαντος
Κι όμως συνταράζεται η καρδιά σου
Στην ελπίδα μιας κάποιας διάκρισης.

Έτσι χάνεσαι μικρό μόριο
Μέσα στην άγνοια
Και την αλαζονεία.

## Ο Ξενιτεμένος: Μοναξιά

Πέρασες ώρες πολλές μονολογώντας
κι' αναρωτιόσουν συχνά
αν η μόνωση αφήσει
πληγή στην ψυχή σου.

Γύριζες σκυφτός
στους ερημωμένους δρόμους
κι είδες κόσμο γνώριμο
που σε χαιρετούσε.
Τους μίλαγες μεγαλόφωνα
ομολογώντας την ευτυχία της ξενιτειάς.

Γέλαγες μετά αβρόφρονα
γεμάτος ικανοποίηση,
γιατί κανένας δεν νόγαγε
το μέγεθος της ψευτιάς.

Γυρίζοντας πίσω στο κελί
με τα καγκελωτά παράθυρα
κοίταζες τον ουρανό, τα δένδρα
και τ' αγέλαστα κτίρια ολόγυρα σου.

Κι ενώ το δάκρυ κρέμονταν
από το στυλωμένο βλέμμα σου
αναρωτιόσουν αν η μόνωση
αφήσει πληγή στην ψυχή σου.

## Όνειρα

Χαμογελάει η ζωή
κι εσύ μαζί της τρέχεις
τα όνειρά σου κυνηγάς
και τελειωμό δεν έχεις.

Κι όταν ονειρευόσουνα
και μες στις εμμονές σου
έζησες σ' ένα κόσμο αλλιώτικο
τις πιο όμορφες στιγμές σου.

Ευδαιμονία της ψυχής
το όνειρο
ευδαιμονία τόσο όμορφη
και τρυφερή.
Μακάριοι όσοι την γνώρισαν
και πάλεψαν
στο ξύπνιο τους
το όνειρο να ζήσουν.

Ευδαιμονία που ηρεμεί
και γαληνεύει.

## Παραπλάνηση

Ο παραπλανητικός ο λόγος
άραγε γέννημα άγνοιας
η γέννημα φθόνου και υπολογισμού;

Ο παραπλανητικός ο λόγος
τόσο εύκολος και τόσο απατηλός
την αλήθεια σκεπάζει
που είναι δύσκολη,
συχνά οδυνηρή.

Ο παραπλανητικός ο λόγος
δηλητήριο στη ψυχή και στο πνεύμα
που οδηγεί σε παραστράτημα
και σε οπισθοδρόμηση.

Ο παραπλανητικός ο λόγος
τόσο ένοχος για τ' ανθρώπινα δεινά
στο πέρασμα του χρόνου.

Ο παραπλανητικός ο λόγος
ο τόσο ατιμώρητος.

## Ο Πόλεμος Τελείωσε

Ένα παιδί μισόγυμνο
στους δρόμους περπατούσε
κι ήταν ο θυμός του έντονα
στο βλέμμα τυπωμένος.
Ο δρόμος ήταν έρημος
σα να' ταν στοιχειωμένος
μήτε ανθρώπινη φωνή
μήτε ζωής σημάδι.
Και μέσα στην απόγνωση
και στην κακοθυμιά του,
τα σπίτια γύρω ατένιζε
που ήτανε καμένα.
Σαν σκελετοί εφάνταζαν
στην άπειρη ματιά του
οι τοίχοι τους μισόγκρεμοι
και τα παράθυρά τους,
καμένα κι αυτά εχάσκανε
σαν δράκοντες,
με ανοιχτό το στόμα.
Και το παιδί προχώρησε
τους δρόμους διερευνώντας,
χωρίς να βρει εξήγηση
για τούτα τα φαντάσματα
που πρόβαλαν μπροστά του.
Κι όταν ο δρόμος τέλειωσε
και στάθηκε λιγάκι,
ο νους του συλλογίστηκε
κι αναρωτιόταν μόνος,
μην είναι τάχα φυσική
η όψη τούτη, η αποτρόπαιη
με τα καμένα σπίτια;

## Ο Πολιτικός Ηθοποιός

Την άγνοια του κόσμου
εκμεταλλεύεται
και με απάτη
την αθωότητά του
παγιδεύει.
Με τα συνθήματα και με φωνές
και περισσή προσποίηση
τη δική του άγνοια
βολεύει.

Έτσι η ζωή μας γέμισε
με τόσα ψεύτικα
κι απατηλά δημιουργήματα
των προπαγανδιστών.
Την τέχνη της υποκριτικής
επιστρατεύονται
στην επιχείρηση της απάτης.
Κι όμως ο κόσμος επευφήμησε
τα κατορθώματά τους.

Για το θέατρο που παίζεται
στη πολιτική σκηνή επάνω
στον κάθε έναν ηθοποιό
μια συμβουλή του δίνω.
Κράτα τη μάσκα σου γερά
Το πρόσωπο να κρύψεις
Ο κόσμος θέλει θέαμα
Μην του τ' αποστερήσεις.

## Το Ξύπνημα της Νιότης

Τα χρόνια εκείνα τα νεανικά
τόσο αγνά και τρυφερά
σαν το χλωρό κλαδί
που στον αγρό ανθίζει.
Κι ενώ η καρδιά σου σπαρταρά
μέσα στο άγνωστο
ο νους σου φτερουγίζει.

Τα χρόνια εκείνα τα νεανικά
είναι μια αύρα απαλή
που την ψυχή αγγίζει
Κι είναι αέρας δυνατός
στα έγκατα του είναι σου,
ξαφνιάζει και σαστίζει.

Και οι εμπειρίες σου αυτές
οι απαλές κι οι τρυφερές
οι δυνατές κι οδυνηρές
δώρο της φύσης είναι κι αυτές
της φύσης που τη ζωή σου ορίζει.

# ANTIGONE PETRIDES

Antigone was born in the Middle East to Greek parents. She holds a Master's degree in International Business. After raising three children, her childhood passion for writing resurfaced and she has written 2 children's stories.

Multilingual, she loves exploring the effects of culture on behavior and is fascinated by the intricacies of human interaction. Her poems are raw and soul baring.
Email: abaggili@yahoo.com

## The Fountain

At times I feel like the water
At the top of the fountain spray
Just before it splays around
Light and diffuse, not knowing
Where it will land
Not really caring how.

From that top I see
Everything.
All.
It is exhilarating,
Like a personal secret
Only I know. I hear my invisible laughter
Echo in my heart and it lifts me
Because like I said
The secret is personal.
Only I know.
Only I know
That I can soar and fly
And land effortlessly
Somewhere down, green or dry
And I will melt
And I will blend
In Nature like I should.
RIP dear soul,
You have found your spot.

June 12, 2018

## I See You, Child

When I sleep, I see your gentle smile
And I vow to remember to be good.
When I'm awake, I wonder at your
Kindness and your big heart
That forgives us all.

You are different and we do not
Let you forget it lest it shows
How much better you are
In loving, in giving, in all.

Your generosity has taught me humility
Or has it?
Every night, it is a re-run of my vow
I'll be better tomorrow.

But that's me, and I've improved.
How about the others out there?
How about the know-it-alls, the people?
How thin is their shell, the surface they show
How the hollow underneath could fill with
So much love, so much wonder
Yet no such thing happens

As they know it all.

April 19, 2019

## The Slats

I see them above me
Am I really under?
The world is up there
Walking and talking
Feet, people, wheels, cars
A bike or two, some trash
All above me, all.
I see them
Through the slats;
I've fallen through the slats of life.

I crane my neck up
It seems not real
Yet as the noise recedes,
And the farther I fall
The more peace I feel.
Is this rock bottom?

Maybe not, but it cannot be far
Then, I can rest because
There will not be much farther to go.
No more pretense, there is no need
No more expectation, I failed it all.
Can I now be left alone?

June 12, 2018

# CALLIOPI TOUFIDOU

Calliopi Toufidou, a native of Zakynthos, Greece, has always been interested in the Greek culture and traditions. She has studied Sociology in West London College, UK. She has worked for the Greek Ministry of Foreign Affairs, and has made presentations at universities and institutions. She is the author of *From the Palate to the Spirit* and *In My Grandmother's Footsteps*.

Calliopi also studied photography and has exhibited her work in the US and Greece. She further expresses her love of art by doing theatrical acting and by writing poetry which has been published in numerous papers and magazines.

She is an active member of The Hellenic Writers' Group of Washington, DC and has spoken at different literary events.

Ms. Toufidou has a daughter and three grandchildren, and lives in Maryland. Email: zantesagapo@yahoo.com

Calliopi Toufidou

## New York

Tears of rain came falling down
Crying for bodies of your town.
Sweeping ashes of your buildings
So much pain and so much grieving.

Searching in vain for your children
Under ruins, dismembered, hidden.
So many missing, thousands killed
And no comfort, wounds to be healed.

Innocent creatures paid the price
What devastation, no one wise.
The devil struck, destroyed your beauty
While your children were on duty.

Why this hatred for your wealth and glory?
The whole Universe was in mourning.
You've made a home for everyone
Even to homeless you gave love.

The dreams of youth all came to you
To share its talents, brightness, too.
Don't let the devil bring you down
Stand with pride and look around.

United all, we honor and fight,
Also, we pray that you survive.
Shine again with glory and hope.
How much we love you, we love you all!

September 11, 2001

## Απειλή

Η τίγρη βγαίνει απ' το κλουβί
Και ψάχνει για το θύμα
Βρυχάται και το απειλεί
Δεν σκέφτεται το κρίμα

Έτσι κι οι πλανητάρχες
Θέργεψαν κι απειλούνε
Τη γη να καταστρέψουνε
Και ήλιο να μη δούμε

Όμως οι άμοιροι λαοί
Αρχίζουν ν' αντριεύουν
Ενώνουν τους αγώνες τους
Το δίκιο τους γυρεύουν

Μα το παιχνίδι παίζεται
Βιάζονται να κερδίσουν
Όλοι αυτοί που λαχταρούν
Εις βάρος μας να ζήσουν

Ακόμη κι εκείνος ο Θεός
Μπερδεύτηκε στ' αλήθεια
Πού να προλάβει την οργή
Να δώσει μια βοήθεια;

February 15, 2003

## Εκδίκηση

Η ζωή σταμάτησε το ρολόϊ
Οι πεθαμένοι ησύχασαν
Είναι πολύ τυχεροί
Μα οι κολασμένοι τριγυρίζουν
Να δηλητηριάσουν τα αγνά
Κι εσύ περιπλανιέσαι
Οδεύοντας με την συνείδηση
Να ζητήσεις εκδίκηση ή συγνώμη.

Όμως το δίκιο δεν το επιτρέπει
Στην άλλη ζωή θα ξεκαθαρίσεις τις εποχές,
Μα θα βρεις χειμώνα,
Στοιβαγμένο στα χιόνια της ανυπομονησίας
Και θα γλιστράς, μα δεν θα μπορείς
Να σκαρφαλώσεις το βουνό,
Γιατί δεν θα'χεις άλλο χέρι να σε κρατά.

January 1992

## Ερημικά

Μοναχικά ταξίδευα
Στην έρημο Νεβάδα
Μα ο λογισμός μου γύρναγε
Εκείθε στην Ελλάδα

Σαν έβλεπα την άμμο της
Νόμιζα θα την φθάσω
Ακρογιαλιά δεν έβλεπα
Κι είπα να ξαποστάσω

Ο ήλιος κατακόκκινος
Να καίει τα λιθάρια
Ξερά τα δέντρα γέρνουνε
Δεν έχουνε βλαστάρια

Κι αυτά τα μάτια μου θολά
Ορίζοντα δεν βλέπω
Μιαν αυταπάτη η σκηνή
Και τ'άπειρο μπερδεύω

Μέσα μου τρέχω να σε βρω
Γαλάζια να σ'αγγίξω
Να κοιμηθώ γαληνευτά.
Πάνω σου να ξυπνήσω

Μα ο χρόνος στάθηκε νεκρός
Η απόσταση μακραίνει
Με υπομονή κι υπόσχεση
Τούτη η ζωή μικραίνει

*December 18, 2002*

## Θαλασσά μου

Να σ'αγκαλιάζω θάλασσα
Κι εσύ να με χαϊδεύεις
Στα κύματα να δέρνομαι
Κι εσύ να με μαγεύεις.

Να πλέω στην ευτυχία σου
Τα πέλαγα να σχίζω
Να ταξιδεύω μακριά
Και τ'άπειρο ν'αγγίζω.

Να ξημεροβραδιάζομαι.
Πότε θ'ανταμωθούμε
Τους πόνους μας να σμίξουμε
Και να τους μοιραστούμε;

Να καρτερώ ανυπόμονα.
Πότε θα σ'αντικρίσω
Τα ονείρατα που έκανα
Απ'την αρχή να χτίσω;

August 2000

## Μάνα μου

Έπλαθες όνειρα κι ελπίδες
Έκτιζες σώματα κι ασπίδες

Σκιά εσύ μας τριγυρνούσες
Κι όλα μας γύρω τ'αγαπούσες

Λάθη και τρέλες τις συγχωρούσες
Τις πίκρες έκρυβες κι όλο γελούσες

Άγγελος ήσουν με τα φτερά σου
Μας επροστάτευες όλους κοντά σου

Το φυλαχτό σου μάνα κρατάω
Για να αντέξω όπου κι αν πάω

Θα ξέρω πως έχω εσένα μαζί μου
Φύλακα άγγελο μες τη ζωή μου

May 2009

## Μοναξιά

Κλειστά παράθυρα θολά
Έτσι σαν τη καρδιά μου
Απόψε ήρθε η μοναξιά
Και κάθισε κοντά μου.

Θα μου κρατήσει συντροφιά
Θα μοιραστεί τους πόνους
Κι όλες τις τρέλες και χαρές
Που διάβηκαν τους χρόνους.

Φτερούγιζαν οι σκέψεις μου
Βούιζαν σαν τριζόνια
Ρωτούσαν πώς περάσανε
Γρήγορα αυτά τα χρόνια.

Η νύχτα είναι ατέλειωτη
Φοβάμαι το σκοτάδι.
Έλα κοντά μου μοναξιά
Και δως μου ένα χάδι.

Να κοιμηθούμε γαληνά
Γλυκά κι ονειρεμένα
Να ταξιδέψουμε μακριά
Χωρίς άλλον κανένα.

June 18, 2016

## Νόστος

Σαν έφθασε η άνοιξη
Και άνοιγε η καρδιά μου
Το καλοκαίρι ζύγωνε
Που θα'σουνα κοντά μου

Πόσες χαρές μου έδινες
Που τόσο λαχταρούσα
Σαν έφευγα φθινόπωρο
Τη χειμωνιά μισούσα

Πάντοτε ονειρευόμουνα
Γρήγορα να ξανάρθω
Κι εκεί κοντά στα γηρατειά
Σ'εσέ να ξαποστάσω

Φέτος δεν είδα άνοιξη
Ούτε λουλούδι ένα
Σα να' θελε η μοίρα μου
Να μαραθώ στα ξένα....

February 2001

## Ο Χρόνος

Πόσο γρήγορα έφυγες
Κι έτρεχα να σε προλάβω
Κι εσύ μου έφευγες
Βιαστικά κι ανέμελα
Μα εγώ σε κυνηγούσα
Να σε προλάβω
Κι εσύ μου έφευγες
Χωρίς να το καταλάβω
Με τα φτερά μου πέταγα
Να φθάσω την ελπίδα
Μα μου έφευγες κρυφά
Κι έκλεβες τα ονειρά μου
Σαν αστραπή τα σύννεφα περνούσες
Και εγώ τις μπόρες αψηφούσα
Τώρα θωρώ σιωπή
Μα γυρισμό κανένα
Σα να μου τέλειωσες τον δρόμο
Μα εγώ ο δρομέας
Παρακαλώ σε, γύρνα πίσω
Να μου δώσεις τη σκυτάλη
Να τρέξω απ' την αρχή
Να προλάβω την άνοιξη
Να δω τον ήλιο
Να μου χαρίσει τη ζωή

May 20, 2018

## Πρόσφυγας

Σαν ήθελες να φύγεις
Από τη φρίκη του πολέμου
Βρέθηκες σε μιαν άλλη
Στ'άγρια κύματα του Αιγαίου

Και πάλευες για να σωθείς
Μαζί με τα παιδιά σου
Εν'άλλο χέρι θε να βρείς
Για να σε σώσει απ'τα δεινά σου

Δεν είχες χρόνο να σκεφτείς
Ποιος άραγε Θεός
Μπορεί να σε βοηθήσει;
Και ποια ανθρώπινη ψυχή
Μοίρα σου να μετρήσει;

Ποιος φταίει αληθινά
Για τον ξεριζωμό σου;
Και ποιοι αποφασίζουνε
Γι'αυτό το ριζικό σου;

Αλλόθρησκοι ή πλούσιοι;
Δεν έχει σημασία
Αφού η ανθρώπινη ζωή
Δεν έχει καμία αξία!!!

November 3, 2015

## Φοβάμαι

Φοβάμαι την οργή
Της μπόρας, του τυφώνα
Και τις πλημμύρες, τους σεισμούς
Και τον κακό χειμώνα

Τη θάλασσα να'ναι θολή
Που δεν θα κολυμπήσω
Και τα ψαράκια να ψοφούν
Δεν θα τα λαχταρήσω.

Τον μολυσμένο αέρα μας
Καρκίνους που μας φέρνει
Μας κόβει την ανάσα μας
Γρήγορα μας πεθαίνει.

Φοβάμαι την εξέλιξη
Τη δήθεν τεχνολογία
Που σκλάβοι της γινόμαστε
Της μοναξιάς μαγεία.

Τα κτίρια τα πολύ ψηλά
Που κρύβουνε τον ήλιο
Και που μαντρώνουν τις ψυχές;
Μοναχικό Βασίλειο.

Φοβάμαι να φάω, να πιω
Να πάω να περπατήσω
Μέσα στα δάση τα πυκνά
Τη λευτεριά να ζήσω.

Φοβάμαι τους νέους με όνειρα
Που δέρνονται χαμένοι
Ποιο μέλλον άραγ'έχουνε

# Glimpses of Our World

Και τι τους περιμένει;

Μα πάνω απ'όλα αληθινά
Τον άνθρωπο φοβάμαι
Εκείνον τον Μισάνθρωπο,
Τον Απάνθρωπο, φοβάμαι!

October 15, 2015

## Χριστούγεννα

Μέρα γιορτής, μεγάλη της Χριστιανοσύνης
Μέρα χαράς, αγάπης, και ειρήνης
Φίλοι κι εχθροί ανταμώνουνε
Και λεν ν'αγαπηθούνε
Κι όλου του κόσμου τα παιδιά
Τρέχουνε να χαρούνε
Αν είναι τούτη τη στιγμή οι άνθρωποι
Τις αμαρτίες ν'αφήσουν
Κι όλα τα μίση που είχανε
Ήθελαν να ξεχάσουν
Χριστούγεννα να είχαμε
Αλήθεια κάθε μέρα
Μα υποκρισία και ψευτιά,
Πόλεμοι, δυστυχία,
Πείνα, αρρώστιες και πνιγμοί
Δεν έχουν προθεσμία
Η δε χλιδή δε νοιάζεται
Η φρίκη δεν ζυγιέται
Μα στον φτωχό τον άνθρωπο
Ένας Χριστός γεννιέται
Του έστειλε σήμερα βροχή
Για να ξεπλύνει τις πληγές
Τις αμαρτίες όλων
Και το αστέρι φάνηκε
Μετά την καταιγίδα
Κι έφερε το μήνυμα:
ΑΓΑΠΗ ΚΑΙ ΕΛΠΙΔΑ.

Χριστούγεννα 2015

# ACKNOWLEDGEMENTS

With great appreciation, I would first like to thank all the poets of The Hellenic Writers' Group of Washington, DC in giving their valuable time and effort in making this poetry book a reality. I want to thank Dr. Polyvia Parara and Magdalene Kantartzis for assisting me with editing the Greek portion of this book. In addition, I would like to thank Dr. Aphrodite Matsakis and Lefteris Karmiris for their insightful comments. Finally, I would like to thank Maria Costas for her creative book cover.

www.ingramcontent.com/pod-product-compliance
Lightning Source LLC
Chambersburg PA
CBHW070448050426
42451CB00015B/3387